# だれかになりたいんじゃなくて、
# わたしを好きになりたい

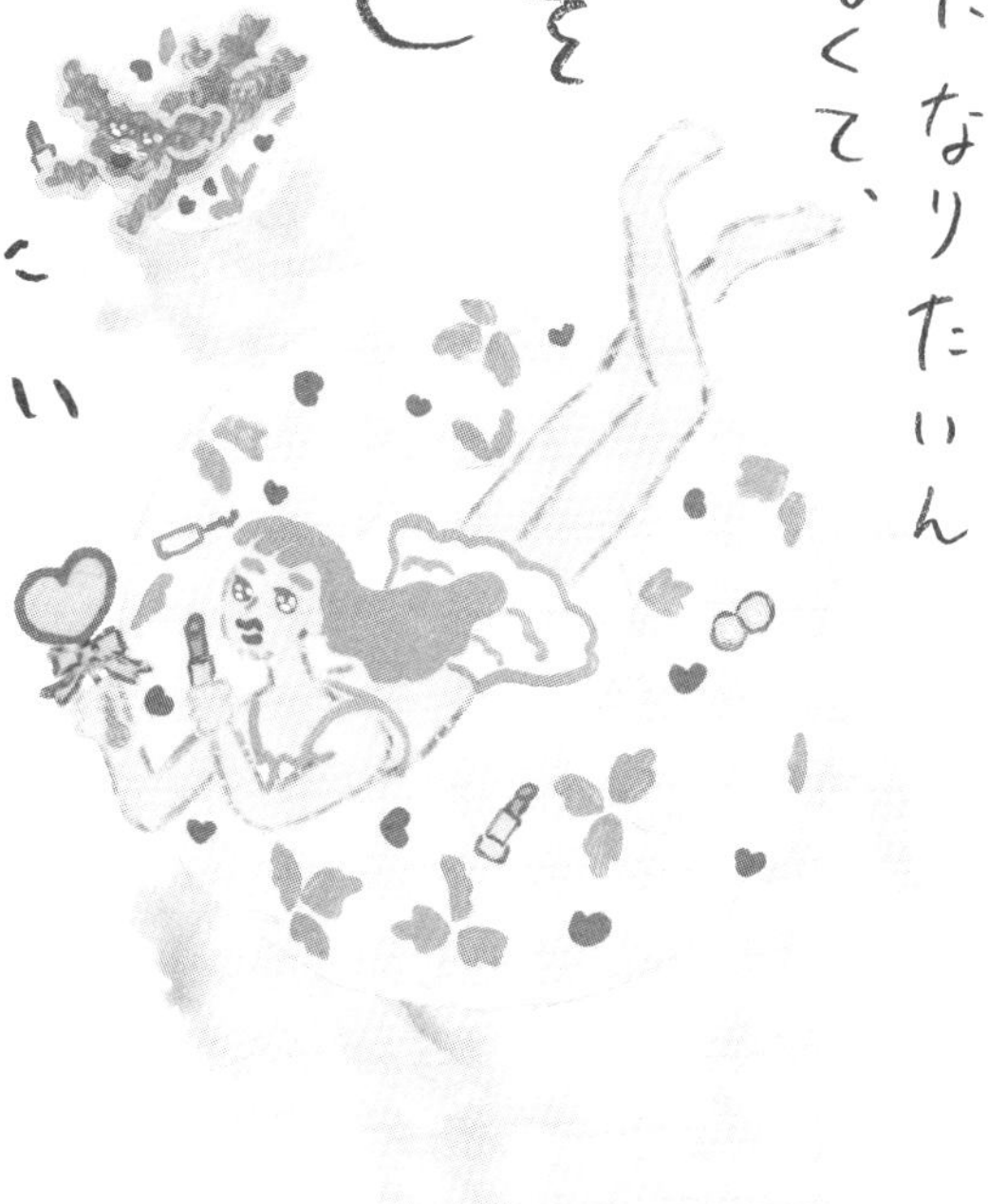

船山葵

WAVE出版

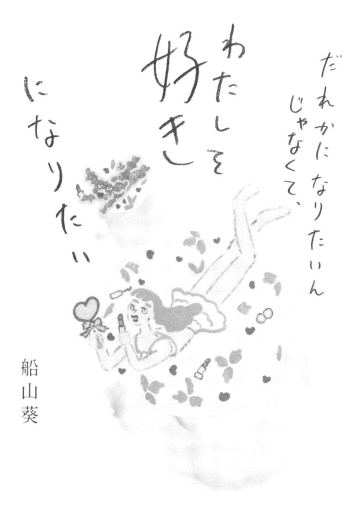

# はじめに

街中や職場、学校で、かわいい人を見ては自分の顔が嫌になる。

ＳＮＳでキラキラした生活を覗いては自分の生活がみじめに思えてくる。

久々に会った友達がきれいになっていて、あか抜けない自分が恥ずかしくなる。


そうしていつの間にか、周りの人の容姿や生活が基準になっていませんか？

自分にはないものや足りないものを見つけて、「わたしには何もない」と、むなしくなることはありませんか？

だれかと比べて自分を否定し続けても、結局残るのは自分に対する嫌悪感と、「わたしなんてどうせ」という諦めの気持ちです。

きっといつまでも満たされることはありません。


わたしは現在、美容家としてテレビや雑誌、ＳＮＳなどを通じて、美容の情報を発信しています。けれど昔からずっと、自分に自信が持てませんでした。いつも周りの目を気にして、友達と比べては自分でいることが苦しくなることもあったほどです。

外見が気になったきっかけは小学生の頃。集合写真を見たときに、他の子と写真写りが違うことから外見にコンプレックスを抱きはじめました。

そしてその日から、母のドレッサーに座り、置いてあったコスメをこっそりと使ってみることに。そこで赤い口紅を唇にひと塗りしたとき、鏡に写る自分がまるで別人のように見えたのです。

「赤リップ一本で、こんなにわたしの顔を変えることができるんだ！」と驚き、「コスメを使えば、自分を好きになれるかもしれない」と希望を持ちはじめたのです。

しかし中学生になると、また外見に対する悩みも増えていきました。みんな同じ制服を着ているのに一人だけ別の制服を着ているように見え、低身長で着こなせない自分がイヤになることも。

そのとき、スキンケアやメイクでどんなに外見を磨いても、自分のいる環境や周りにいる人の影響によって、すぐに「わたしなんて」と思ってしまうことに気づきました。

わたしたちの土台でもある「内面（心）」と一緒に磨かないと、自分を好きになることは難しいと感じたのです。

人は「植物」と似ている、と思うことがあります。内面（心）は「根っこ」であり、外見は「葉」。いくら霧吹きで水分を与えたりしても、葉や茎を支え、生きていくために必要な水と栄養を取り込む根っこの部分が腐ってしまっては、植物全体が弱り、枯れてしまいます。植物と同じように、わたしたちの外見と内面は別物ではないのです。

この本では、わたしがこれまで研究してきた、日々の自分を大切にするための習慣をご紹介しています。

もちろんそれは「きれいになること」にもつながるでしょう。でも、わたしにとってそれはゴールではなく、あくまで自分を好きになるための通過点だと考えています。

この本で目指しているのは、自分を大切にする習慣が生まれて、自分を「いいな」「好きだな」と思える気持ちが持てることです。

日々の美容習慣を少し丁寧に、自分を労うようにしてみると、肌がもちもちとしてきたり、心が満たされたりと、肌と心に小さな変化が見えてきます。するとと「今のわたし、なんだかいい感じ！」と気分が上がったり、「今日もお疲れさま」と自分を大切に思えたり。そんな気持ちが積み重なれば、あなたの心の中だけで、「今のわたし、好きかも……！」と思える部分が増えていくと思うのです。

もしかしたら美容のテクニックを知りたいという人には、この本はもの足りないかもしれません。でもきっと、毎日の「なんとなく」のルーティンになっている美容への意識は大きく変わっていくはずです。

この本を読んで、少しでも自分を大切にし、自分を好きになるためのヒントが見つかれば、とても嬉しいです。

contents



第1章

# わたしと向き合う ご自愛マインド

contents

第 2 章

# 頑張ったわたしに ねぎらいスキンケア

contents

## 第3章

# わたしをとり戻す至極の癒しタイム

contents

# 第4章 好きなわたしになれるごきげんメイク

イラスト　糸井みさ
デザイン　岩永香穂（ＭＯＡＩ）
ＤＴＰ　小山田倫子
校正　株式会社ぷれす
編集　枝久保英里（ＷＡＶＥ出版）

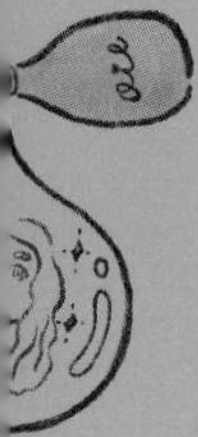

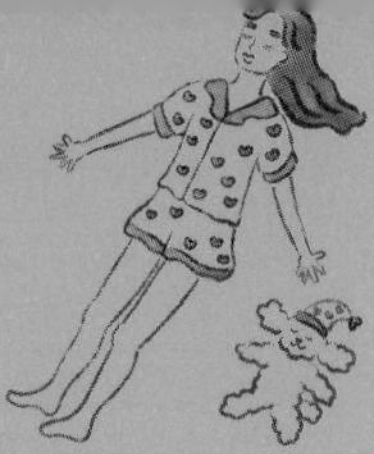

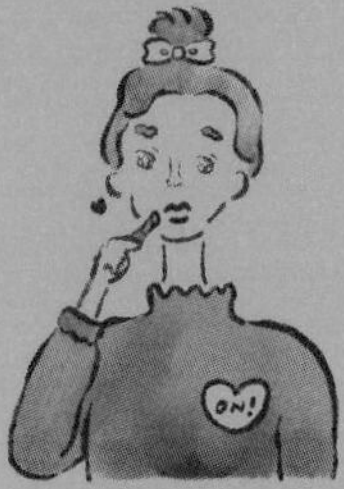

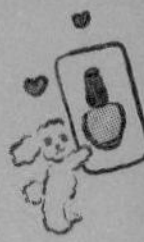

# 第1章

# わたしと向き合うご自愛マインド

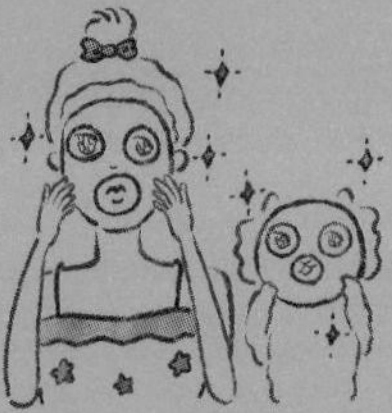

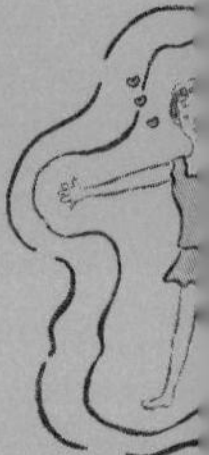

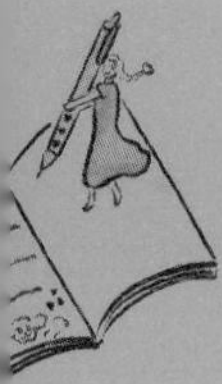

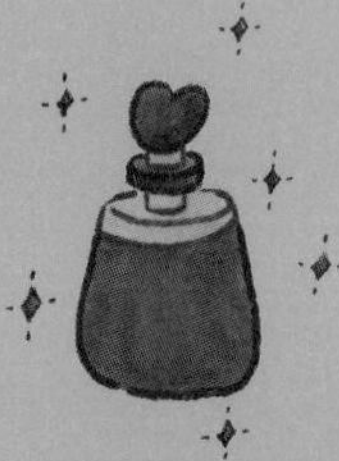

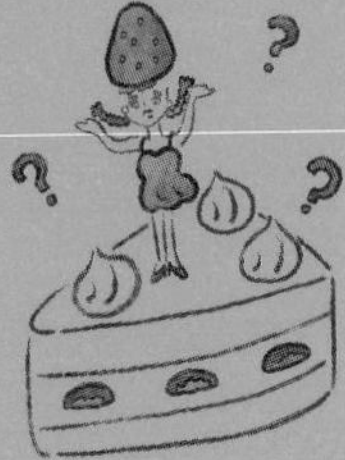

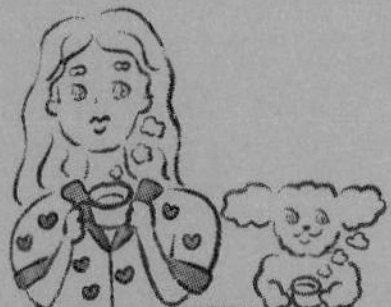

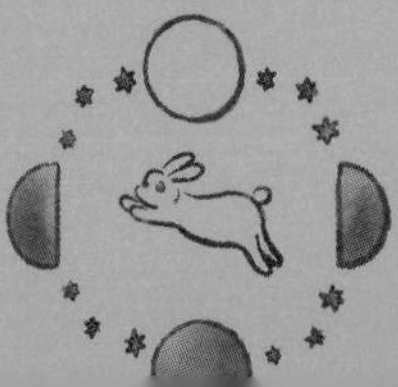

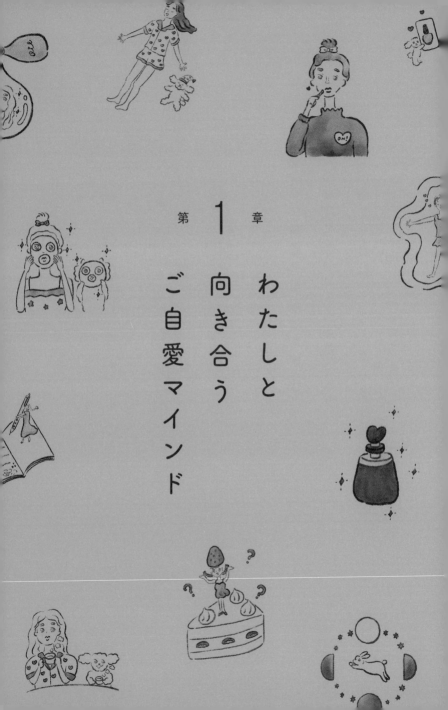

# だれかじゃなくて、わたしに耳を傾ける

どんなに高級な美容液を買っても、
どんなに可愛いコスメを買っても、
心が満たされないときがあります。

それはきっと、心の声を聞いていないから。

本当は、どんなメイクがしたい？
本当は、どんな香りが好き？
本当は、どんな自分でいたい？

毎日の小さな選択から、自分ととことん向き合って、
本当にほしいもの、本当にしたいことを聞いてみる。
わたしを好きになるには、わたしを知るところからです。

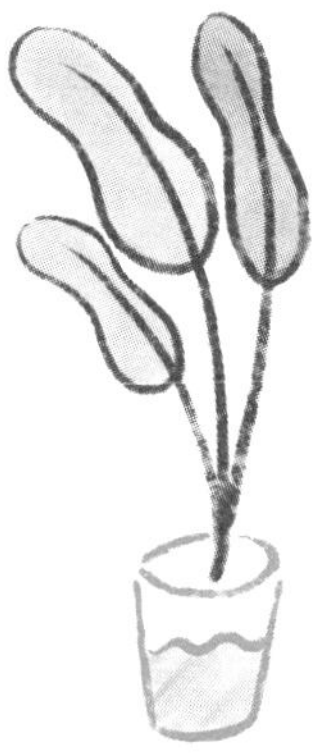

# 美容はわたしのためにある

あの人のために可愛くなりたい、あの子のようにきれいになりたいと、きっと最初は周りの人の存在がきっかけになって、美容に興味を持った人も多いのではないでしょうか？

しかし〝あの人のために〟する美容は、その想いがある程度達成されたり、逆に叶わなかったりすると、ときめきを失ったり、むなしい気持ちになることも。だれかのためにきれいになろうとする美容は、〝期限つきの美容〟なのでは、と思っています。

本来、美容というのは、一生付き合っていく自分自身のためにするもの。鏡に映る自分にOKを出す瞬間を増やしたり、落ち込んだ心に栄養を与えたりしてくれるような存在。

大切にしてほしいのは、わたしのための美容を知ること。例えば、持っているコスメの中で、「自分で選んだものはどれ?」「欲しい！　と思って買ったものは?」「気に入って使っているものは?」「使わずに放置しているものは?」と、心に聞いてみる。

定期的に持っているコスメへの気持ちを確認してみることで、どんな美容にときめいて、心地いいと思うのかが、わかりやすくなるのです。

# 周りじゃなくて
# 自分に聞く

最近は、美容情報には正直困らない時代になったように思います。でも、「○○が似合う」「○○すべき」といった周りの言葉や情報で、自分の選択を縛りすぎていませんか？

例えば友達との買い物でも、自分がいいなと思ったものに対して、「これは似合わないよ」とか、「こっちを取り入れるべき！」と、隣でいわれたとき。多少なりとも、「え？ そうかな」と迷いが出たり、自分の好みを少し否定されたような気持ちになったりするのではないでしょうか。

もちろん、似合うもの、取り入れるべきものを教えてくれることは、自分がきれいになれるきっかけになるとは思います。でも、あまり周りの言葉や情報で自分を縛ってしまうと、今の選択に納得しているのか、わかりにくくなってしまうのです。

ときには、自ら選択する機会を増やすことも必要です。例えば、一人で買い物に行き、自分で選ぶ時間をつくってみる。コスメカウンターでコスメを見て、触れたとき、「かわいい！ 欲しい！」とあなたの心が本当にワクワクするのかどうかを大切にしてみる。心に聞いて選んでいくことで、何かを決めることにも自信が持てて、自分の選択にも納得できるようになるでしょう。

# 今の自分がイヤなら、変わってもいい

「ありのままの自分を受け入れよう」といわれて、どう感じますか？

素直に受け入れられないなぁとモヤモヤする気持ちがあれば、「今のわたしはイヤで、変わりたい」という本音が隠れているのかもしれません。けれど覚えておきたいのは、本来は、今のまま＝ありのままでよくて、変わらなくてもいい、ということ。

それでも変わってもいいといえるのは、だれかと比べては今の自分のことを否定し、自分でいることがイヤになったり、自分のイヤな部分のせいにして、挑戦したいと思っていることができなかったりするときです。

そんなときは、イヤな気持ちを放っておかず、変わりたいところを言語化してみる。すると、イヤな部分が明確になり、変わるための行動をとりやすくなります。

ただ「わたしを好きになれない」と否定から入るのではなく、「わたしは人見知りを克服したいんだ」と気づけば、初対面の人と話す練習ができるかもしれない。

ただ、イヤな気持ちは、実はあなたのことを守ってくれるものでもあります。知らない人がいる会を避けるのは、気を遣って疲れてしまう自分を守るためですよね。

自分がイヤになってもすぐ否定するのではなく、自分自身を守るための気持ちなのだと受け入れてあげてくださいね。

# 好きな人のように
# 自分を扱う

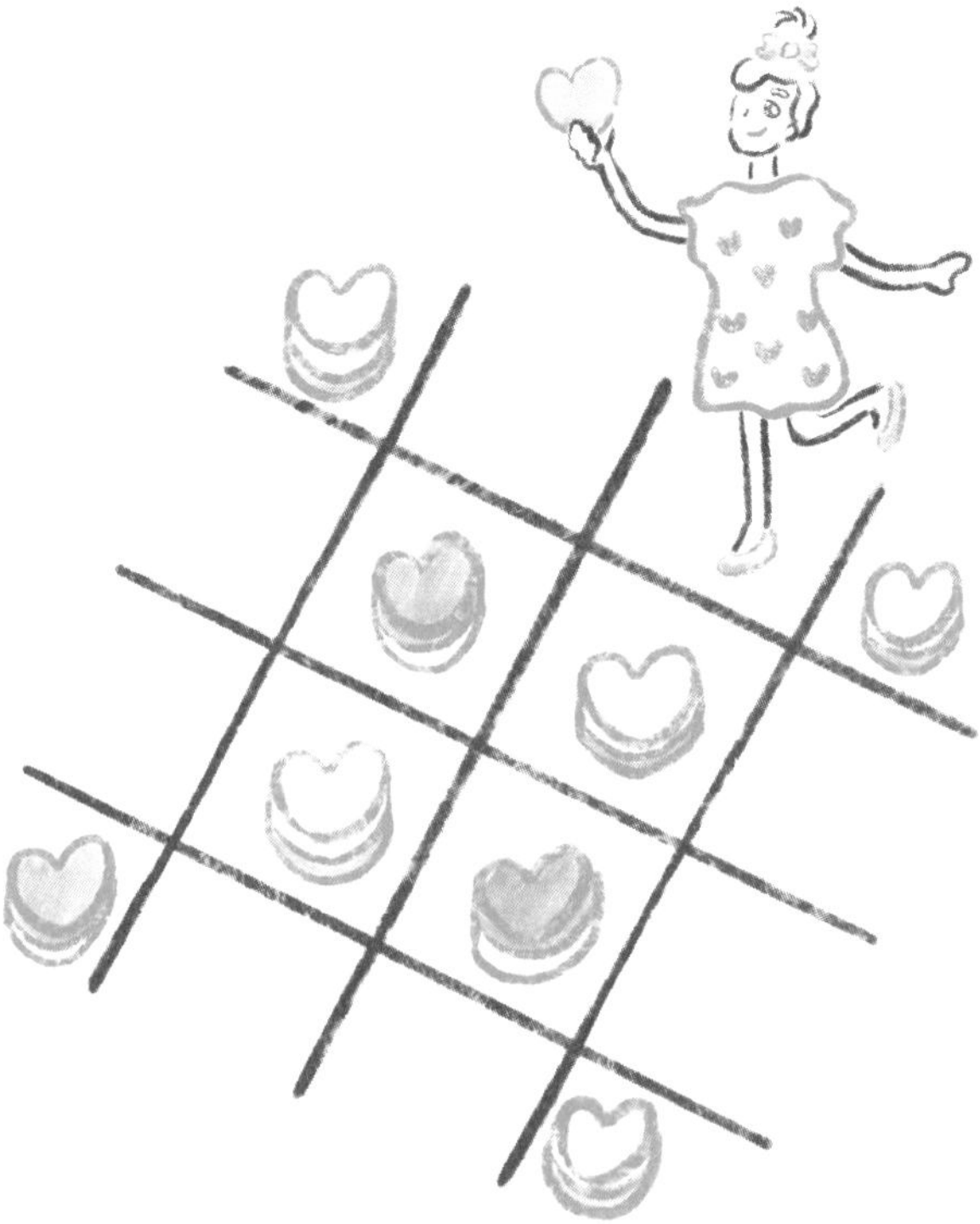

自分の好きな人や好きなものに対しては、「〇〇が好きなんだよね」と伝えることはあると思います。でも、自分自身に対しては、「わたしのことが好きなんだよね」と伝えることは、なかなかないでしょう。

また、周りの人やものは大切にすることができても、いざ自分のこととなると、うまくいかないたびに自分を責めて、厳しくしていませんか？

わたしが思う、〝自分を好きな状態〟というのは、周りに堂々と「自分のことが好き」といえる状態というより、うまくいかない日や疲れた日には自分を労り、うまくいった日は自分のことをたっぷり褒めてあげられること。つまり、日によって変わる自分の気持ちをきちんと受け止め、自分のことを大切にできている状態です。

なかなか自分のことを好きになれない人は、まず、自分のいいところを知りましょう。そのためにはまず、自分の短所だと思うところを紙に書き出してください。そして、それをオセロのように長所へひっくり返すのです。

例えば、「諦めが悪い」は「忍耐力がある」、「優柔不断」は「慎重」、「頑固」は「信念がある」、など。長所と短所のほとんどは表裏一体となっているものです。長所だとなかなか思い浮かばないと思っても、短所であればたくさん出てきませんか？

# どうして あの人に憧れる？

今の自分が好きになれず、「変わりたい」という気持ちがある場合は、お手本となる人を見つけて、道筋を探してみること。

そのためには、尊敬する人や憧れる人を思い浮かべ、「惹かれるところは、どこ?」と自分なりに、その人の特徴を出してみましょう。

例えば、普通は「美人だなぁ」「可愛いなぁ」と思うだけで終わるところを、姿勢がビシッとしている人、髪が艶やかな人、自分の考えをしっかりと持っている人、など、外見や内面を問わず、惹かれる部分がある人の特徴を自分なりに言葉にしてみます。そうしたら、「どうしたら、わたしにも取り入れられるかな?」と考えてみる。

例えば、姿勢をよく見せるために背筋をピンッと伸ばしてみる、艶やかな髪を育てるためにヘアケア製品を新しくしてみる、自分の考えを持つために日々の小さな選択に理由をつけてみる。

そんなふうに、まずはお手本となる人の特徴を真似るところから始めてみましょう。そして、自然とそこにあなたの特徴が混ざっていきます。すると、いつの間にかそれが「あなたらしさ」になっていくのです。

# 日記はわたしの
# 成長記録

日々、あっという間に過ぎていく毎日をなんとなく過ごしていると、自分の成長や変化を見逃してしまいます。そこでおすすめしたいのが、忘れたくないくらい学びになった日や、頑張ってきたことが報われたような日は、日記などにその日の出来事や気持ちを綴っておくこと。

わたしは、日記のことを「自分の成長記録」だと思っています。そして、毎日書かなければいけないものではなく、特に感情が動いたときに、そのときの出来事や気持ちを言葉にして、残しておくようにしています。

そうすると、数週間後、数カ月後にその日記をもう一度読むと、「昔は乗り越えられないと思っていたことでも、今、前に進むことができている」と、時間が経ったからこそ成長に気づいたり、客観的にその出来事や気持ちを見たりすることができます。

客観的に見ることが大切なのは、書き続けていくことで、どういうときに落ち込んだり、ストレスを感じたりするのか、逆にどういうときに喜びを感じやすいのかなど、自分の気持ちのパターンがわかりやすくなるからです。

日々の出来事や気持ちから何かを得ようとしてみると、つらかった出来事も「学び」に変えることができ、自分の経験が無駄なものではないと思えるでしょう。

# 心の声を
# スルーしない

周りの人にどう思われるかを気にして過ごしていると、自分の心の声をスルーすることが当たり前になり、だんだんと心の声が聞こえなくなってしまいます。

わたしも昔は、周りをいつも気にして、「周りの人に何もいわれないような行動と発言をしなきゃ」と常に思って過ごしていました。そのため、自分の心から聞こえる声と実際の言動が違いすぎて、疲れてしまうことがとても多かったのです。

もちろん、大人になると、いつも自分のことを優先してあげるのは難しいもの。例えば「今の仕事を変えたほうがいいのかも」という心の声が聞こえても、会社の人にどう言われるかを気にして、心の声をスルーしてしまうこともあるでしょう。

そこでおすすめしたいのは、一人だけの空間に身を置き、「本当はどうしたい？」という言葉を自分に投げかけてみること。もしかしたら今の自分は、周りの人の視線を気にして、本当の自分の声に従っていないのかもしれません。周りの視線もなく、声も聞こえない状態に身を置くことで、心の声のボリュームを上げましょう。

そしてこの質問を投げかけるタイミングは、心が落ち着いているときよりも、現状にすごくモヤモヤしているときがおすすめ。モヤモヤした気持ちは言葉にしづらいのですが、そこには本当に大切にしたい価値観が隠れている場合が多いのです。

# 嫉妬する相手には
# ほしい要素が隠れている

自分にはないものを持っている人を見ると、うらやましいと思う反面、妬ましいという気持ちを抱くことはありませんか？　そういう人を見るたびに自分と比べてしまい、自分のことを否定したくなる気持ちも生まれてくるのではないでしょうか。

特にだれかに対しての嫉妬心は、芸能人など自分とかけ離れた人に対して抱くというより、身近な人に抱くことが多いと思います。

けれど、この嫉妬心は、〝自分がほしいもの〟や〝本当はどんな人になりたいのか〟という、あなたの理想を教えてくれるのです。

例えば、久々に再会した友達から、「メイクで外見をガラリと変えたことをきっかけに、仕事もプライベートもとても充実した」という話を聞くと、メイクに対する知識や生活レベルが自分と同じくらいだと思っていた人が、まるですべてを手にしているかのように見えて、モヤモヤとしてしまうかもしれません。

そんなときは、どこがうらやましいと思ったのか、その人を成り立たせている「要素」を分析してみましょう。外見がきれいになったところなのか、仕事やプライベートがうまくいっているところなのか。

嫉妬心は否定的にとらえず、むしろうまく利用していきましょう。

# 本当の理想は
# だれにもいわない

もし、「こうなりたい」という自分のなりたい理想ができたときは、いろいろな人に「こんなふうになりたい！」と宣言するのではなく、だれにもいわずにそっと動きはじめることがおすすめです。

たしかにだれかに宣言していると、〝必ずそれを叶えなければならない〟状態になるので、憧れるなりたい姿に向かって行動しはじめるとは思います。

しかし宣言したあとの、人からの目は大きなプレッシャーになります。「みんなに宣言したのに叶えられなかった」と落ち込んでしまうことも。また、その気持ちが劣等感につながると、行動することもイヤになってしまうでしょう。

「こうなれたらいいなぁ～なれるかまだわからないけど」という段階のときは、自分の心の中だけで小さな決意をします。

例えば「雰囲気を変える」と決めたら、いつもは買わないコスメブランドを買ってみたり、服のシルエットを変えてみたり。だれにも言わずに行動計画を立ててみて、自分との小さな約束をつくっていくのです。

ただ、だれかにいわないとやる気スイッチが入らない場合は、あなたのことを否定しないような、心から信頼している大切な人へ伝えるのもいいでしょう。

# 一人会議で
# 自分を振り返る

大人になると、自分の気持ちを後回しにして、周りのことを考えながら行動することが自然とできるようになります。それが必要になる場面ももちろんありますが、今取り組んでいることがうまく進まなくなってきたときには、一度立ち止まって、自分と向き合う「一人会議」も取り入れてみましょう。

仕事などでだれかと打ち合わせをするときは、場所や時間を事前に決めて予定に組み込みますよね。そんな感じで、自分と打ち合わせをするための場所や時間を事前に決めて、予定に組み込むのです。

一人会議の魅力は、自分の行動を改めて振り返ることで、ただ日々をこなしているだけでは気づかなかった、よかった選択も別の選択肢も見つかりやすくなること。

そして、一人会議をするときには、自分が癒される場所であること、前向きに考えやすい時間帯であることも重要です。わたしの場合は、木や植物など自然を感じられる場所にキャンドルを灯すと、とても心地よく感じます。また、少し早起きをした朝の静けさのある時間帯は、わたしにとって前向きに物事を考えやすい時間。

そんなふうに、自分はどんな場所や時間であると心地よく、一人会議がしやすいかな？　と考えてみるのもいいでしょう。

# 人と比べない
# 時間をつくる

「人と比べてはいけない」と、頭の中ではわかっていても、実際にわたしたちはほかの人と比べることで、自分がどういう人であるかを認識しているように思います。

例えば、自分は人見知りだと思っている人は、人見知りしない人を見たからそう思っているのかもしれません。また、顔の輪郭やパーツについても、自分の鼻は低いと思うのは、鼻が高い人を見たから、そう思うのかもしれません。

このように比べることは、自分のことを知るために行っていることでもあり、どんな人でも無意識に行っているもの。そのため「人と比べずに生きている人はいない」というのをまずは知っておきましょう。わたしは、人と比べること自体は悪いことではなく、人と比べたあとに自分のことを否定するのがよくないと考えています。

そこで意識してほしいのは、特に自分の気持ちが一番沈みやすい時間には、人と比べてしまう情報源となるものを見ないと決めること。

例えば、22時以降はほかの人の生活が覗けるスマホは通知オフにするか、手の届かないところに置く方法はおすすめです。また、日頃から見るSNSも本当に好きなものだけにすると決めましょう。「これを見るとむなしくなる」と思うものを見なければ、ほかの人と比べて落ち込んでしまう時間も少なくなっていきます。

# たまにはプロの手を借りて「きれい」の幅を広げる

ボディオイルを使ってたっぷりマッサージをしたり、頭皮をじっくりほぐしてみたりと、いつもの生活の中に「セルフケア」を取り入れることで、自分と向き合うきっかけができます。思っていた以上に疲れていたんだな、肌がカサカサしているな、といったその日の気持ちや肌の状態にも気づきやすくなるのです。

セルフケアは自分と向き合うための大切な時間ですが、もし、普段のセルフケアがマンネリ化してきたな、と思うことがあれば、ぜひプロの手を借りてみましょう。

例えば、手が届くふくらはぎや足の甲のマッサージが物足りなくなったら、手が届かない背中全体をエステでマッサージしてもらう。ヘアトリートメントでスペシャルケアをしていても、「もっと艶々になりたい！」と思えば、美容院に行ってヘッドスパをしてもらう。

セルフケアだけでは、〝自分のきれいの可能性はここまで〟と限界を決めてしまいがち。でも、サロンに行ってプロの手で魔法にかけられたような出来事があると、「わたしはもっと、きれいになれるかもしれない……！」という気持ちが生まれて、美への価値観もどんどん更新されていくのです。

# ときに、周りの目は上手に利用する

最近、「周りの目は気にしなくてもいい」という言葉を耳にすることが増えました。けれどわたしが思うのは、美容においては、周りからの視線を気にしたほうがいいときと、気にしなくていいときがあるということ。

例えば、大切な人に会うときは、その人の目を意識すると美意識が高まります。周りからの〝見られている〟という視線を感じると、背筋がピンッと伸びた感覚になりますよね。こういうときは、会う相手に対して〝どんな自分でいると安心するのか〟を考えながらメイクをしてみるといいでしょう。

逆に、周りの目を気にしないほうがいいときもあります。それは、「本当はこうしたい」という気持ちがあるのに、「周りの人にどう見られるのかな？」と、考えすぎてしまうとき。例えば、見ているだけで元気になれるような、ポップなイエローのアイライナーを引いてみたいけれど、「これから会う人になんて思われるかな？」と考えてしまうとき。あまりに気にしすぎて、メイクに対するワクワクを抑えて、いつものコスメを選んでしまうのはもったいないことです。

ぜひ、美容においては、ほかの人の目を上手に利用するときと、逆に利用せずに「こうしたい！」という自分の気持ちを優先するときをつくってみましょう。

# 「安心感」と「違和感」は大切なサイン

何かを選ぶとき、そこに明確な理由があれば安心して進むことができます。そのためには、すぐ言葉にはできないけれど、「これがいいな」と心がワクワクする感覚や、逆に「なんか違うな？」と心がザワザワする感覚にも目を向けてみましょう。

その感覚というのは、「安心感」と「違和感」の2つです。

まず安心感というのは、今の選択や行動にしっくりきていて、「これがいい！」と、まるでパズルのピースがはまるような感覚のこと。これは心地いいと思えたり、自分にとっていい選択を教えてくれるような感覚です。

そして違和感とは、今の選択や行動にしっくりくる感じがなく、まるでパズルのピースがはまらないような感覚のこと。目標に向かって行動し続けていたけれども、「なんだか違う」と、自分にとってよくない選択を教えてくれるような感覚。

わたしにとってこれらの2つの感覚は、自分の心を守ってくれるような、防波堤のような存在だと思っています。けれど周りの目を気にしすぎたり、周りばかり優先したりしていると、この感覚はぼんやりとしてきて、鈍くなってしまうもの。だからこそ、この2つの感覚があるときは、できるだけそれを信じて進んでみてくださいね。

# モヤモヤから
# 自分の軸が見つかる

生きていれば、悩みはつきないものです。悩みごとをゼロにするのは難しいことですが、ずっと悩み続けるのもつらいもの。悩む時間を少なくするためにも、物事に対する判断基準を持っておくことが大切です。

判断基準のことを「自分軸」とも呼びますが、わたしはこれを、足、首、頭といった体の中心部分を支えている「体幹」と同じようなものだと思っています。体幹は体を支える軸のようなもので、これがなければきれいな姿勢を保ちにくく、フラフラして転んでしまうこともあります。つまり、心を支える自分軸がなければ、人の意見に流されやすくなったり、自分の考えにも自信を持てなかったりしてしまうのです。

そんな自分軸をつくるために、思い出してみてほしいことがあります。それは、これまで関わってきた人に対して、「どんなときにモヤモヤしたかな?」ということ。

このモヤモヤした感情は、自分が人と接する中で大切にしていることと真逆のことが起きたときに抱く感情でもあるので、そこから自分が本当に大切にしている価値観を知ることができるのです。

それを確認し続けて、自分の軸が固くなっていくと、自分の価値観や信念がつくられていき、日々あなたに合った選択をしやすくなります。

# 「なんだかうまくいかない」は何かを手放すタイミング

今まではうまくいっていたのに、なんだか急にうまくいかなくなってきたなと感じることと、ありますよね。例えば、楽しみにしていた仕事が白紙になったり、丁寧にスキンケアをしていたのに急に肌荒れがひどくなってしまったり。

その日の気持ちにも波があるように、ある出来事に対しても、うまくいくときと、まったくうまくいかないときという波があると思います。そして、うまくいかないことが1つあると、まるでドミノ倒しのように、どんどん目の前の出来事がうまくいかなくなるような、悪循環に陥ってしまう場合もありますよね。

わたしは、物事がうまく回らなくなってきたなと思いはじめたら、一度立ち止まって今いる環境や時間の使い方を振り返り、〝なんだかうまくいかない〟原因を探すようにしています。

例えば、〝これがなきゃダメ〟と執着することで、それだけに時間を使って自分を縛っているのかもしれない。もしくは、〝あれもやらなきゃ〟と一度にたくさんのことを詰め込みすぎていて、心に余裕がなくなっているのかもしれない。

そして、「今一番大切にしたいこと、必要なことはなんだろう?」とよく考えて、そこからこぼれたものを手放してみましょう。

# 心地いい情報しか見ない

## 第1章

### わたしと向き合うご自愛マインド

今は、情報を受け取ろうと意識していなくても、たくさんの情報が勝手に流れてくるような時代。例えば、ネットで流れてくる、「みんなが使っている」「今、大人気！」という広告やSNSの投稿を見ると、「流行にのらなきゃいけない」という不安な気持ちになることもあるかもしれません。

わたしが情報を受け取るときに大切にしていることは、自分が心地いいと思える判断基準をしっかり持っておくことです。ここでいう〝心地いい〟というのは、眺めているだけでうっとり幸せな気持ちになれたり、〝こんなふうになりたいな〟とワクワクして憧れの気持ちを抱いたりすること。逆に、惨めな気持ちになったり、妬んでしまったりするものは、もしかしたら心地いい情報ではないのかもしれません。

例えばわたしの場合、見ているだけで癒される観葉植物の写真や、憧れの気持ちを抱き美意識が上がる韓国の女優さんの写真を見ているだけで、SNSが心地いいものになります。

ついついわたしたちは、画面越しに見る世界に気持ちを振り回されてしまいますが、見るものと見ないものの基準をつくっておくだけで、SNSが心地いいものに変わることでしょう。

# 「美意識」は だれにでもある

〝美意識〟という言葉を聞いて、何を思い浮かべますか？　もしかしたら、もともとスタイルもよくて、顔も整っていて、ストイックに美容を取り入れている人が使う言葉というイメージがあるかもしれません。けれども本来、美意識とは美しいものやきれいなものを見て心が動いていくことで、主に目には見えない内面のことを指すものです。つまり、特別な人が持っていると思われがちな美意識は、だれにでもあるものなのです。

ただ、美意識のレベルは人それぞれです。例えば、人から見られやすい顔や指先だけは、適度にケアをしておきたいという人もいれば、人から見られることは少ないけれど、かかとやひじまで、丁寧にケアをしておきたいという人もいます。人によって〝これができていれば美しい〟という基準は違うのです。

「そもそも美意識なんて、わたしにはない」と思っている人は、特に自分のパーツの中でも、いつもどこに目がいくのかを意識してみるのもおすすめです。例えば、髪の毛なのか、指先なのか、肌なのか。そう考えてみると、「本当はここをもっときれいにしたい！」という気持ちがあることに気づくでしょう。

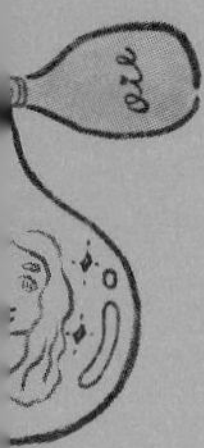
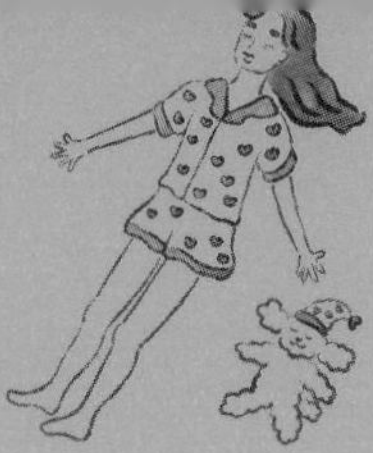
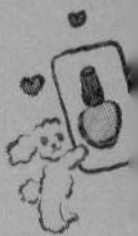
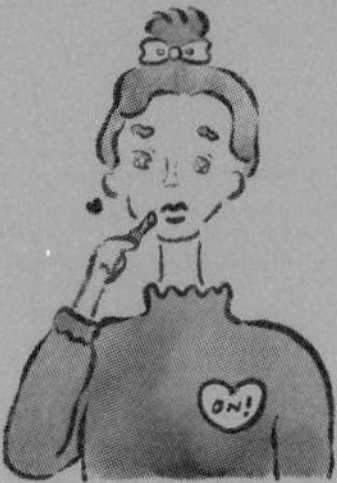

# 第2章 頑張ったわたしにねぎらいスキンケア

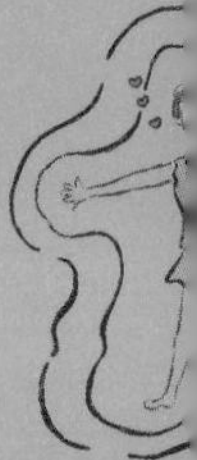
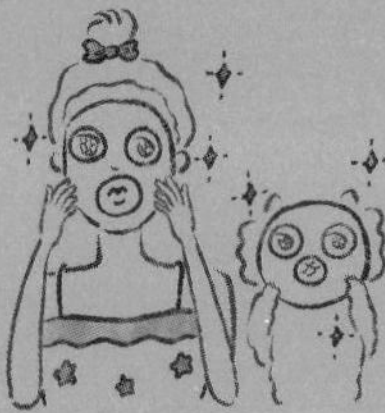
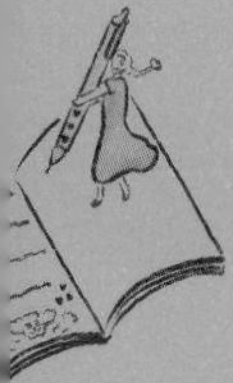
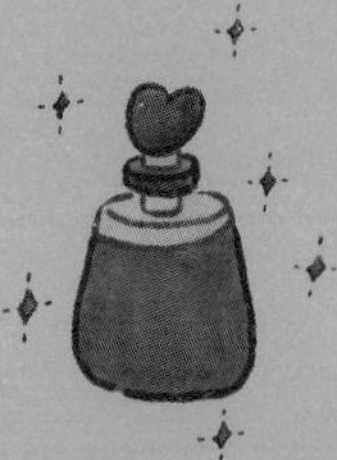
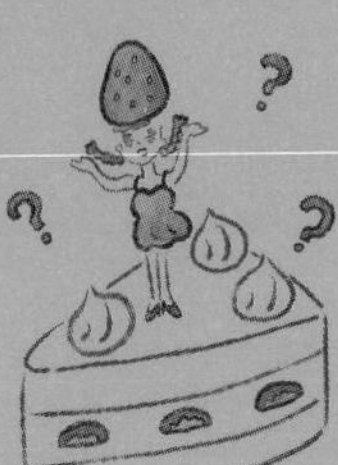
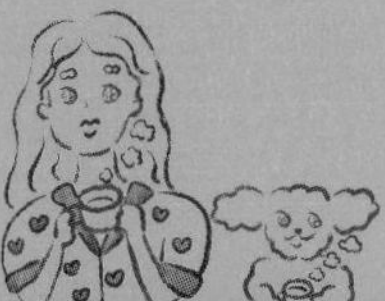
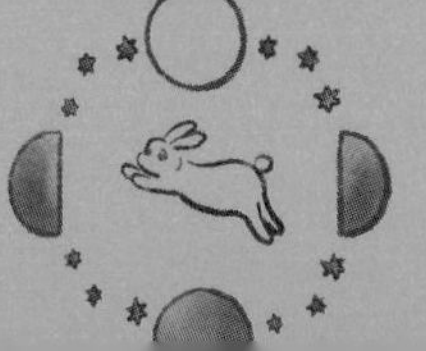

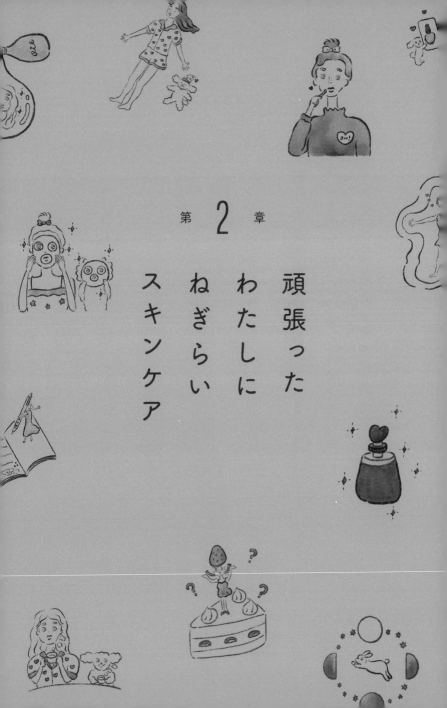

# だれかじゃなくて、わたしをねぎらう

化粧水を手に出して、肌になじませる。
一日に2回ある、いつもの習慣です。
それと同時に、最高に贅沢な時間でもあります。

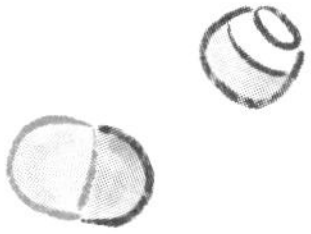

手の温度、化粧水の香り、つけ心地、肌の変化。
一つ一つを感じるたびに、心も満ちていく。
何でもない習慣が、自分へのご褒美になります。

「今日もお疲れさま、わたし」

そう思ってみると、大切にされていると実感して、
モヤモヤしていた心もだんだんとほぐされていく。
いつもの習慣。でもわたしを労る大切な時間です。

# スキンケアは自分を大事に扱える時間

スキンケアの時間は、〝心のスイッチ〟的な存在だと思っています。

頑張りどきや休みどきといった、心の状態に合わせてスキンケアをすることは、目に見える〝肌〟のケアだけではなく、目には見えない〝心〟のケアも同時にできるのです。そしてその姿勢は、自分の小さな心の変化に気づくきっかけにもなります。

例えば、朝起きたときのスキンケア。「今日はバタバタしそうな予定だから、一日潤った肌でいたいな」と思ったなら、いつもより化粧水を重ねる回数も増えて、朝の肌のことだけでなく、一日の予定が終わる頃の肌のことも想定してケアすることができます。そして、頑張った日の夜のスキンケアは、「今日はどっと疲れてしまったから、たっぷり自分を満たそう」と思ってみると、強張っていた心をゆっくりとほぐすように、いつもよりじっくり自分の肌に触れながら、丁寧なスキンケアを行えるでしょう。

毎日行うスキンケアだからこそ、目で見てわかる肌の状態に応えるためだけではなく、頑張りたい日、疲れた日、つらかった日、楽しみな日など、その日の心の状態に合わせたケアを取り入れてみること。すると、毎日のスキンケアがただのルーティンから、自分の肌と心を大事にするための時間に変わっていきます。

# 義務感で重ねても潤わない

毎日スキンケアをしていると、気がつけば、義務感でしているなと思うことはありませんか？　しかし本来のスキンケアは、気持ちがのっていることや、使っている化粧品が心地いいものであることが大切です。

気持ちがのらないと、ただ化粧水や乳液をつけているだけ。日々のスキンケアによる肌の変化もよくわからず、なんとなく重ねている状態になってしまうのです。

もちろん、今売れているから、話題の成分が入っているから、という基準でスキンケアを選ぶのもいいでしょう。

けれどそればかりを気にすると、ベタベタな質感が苦手なのに使っていたり、香りが好きになれないのに使っていたりして、使い続けることが苦しくなるときも。

そんなふうに義務感で重ねても、肌も心も潤った感じがしないですよね。

そのため、たまには化粧品が肌に触れたときの質感、なじませたときの肌の触り心地、うっとりする香りなど、使い心地で選んでみることも大切です。

「流行っている」「売れている」ものばかりを探すのではなく、実際に見て、触れて、心から〝これはいいかも！〟と思えるスキンケアを探してみましょう。

# 肌の声を聞いて
# 使うものを選ぶ

肌はその日の調子によって、感覚や触り心地が変わるもの。その変化に自分で気づいてあげるためには、まず「肌の声」を聞いてあげる習慣をつくることが大切です。

わたしが思う肌の声というのは、笑ったり喋ったりしたときの「肌がつっぱるな」といった肌の違和感。そして、化粧水や乳液を重ねたあとの肌の触り心地のことだと考えています。カサカサ、ごわごわ、もっちり、しっとりなど、肌の違和感や触り心地を実感できれば、それは肌の声になります。

そして肌の声は、1年中同じだとは限りません。例えば、いつも肌がカサカサして潤いが足りないと感じることが多くても、夏になると少しベタつきが気になるときもあります。季節や環境によっても、肌からの声は変化するのです。

もし、肌がカサカサしやすいなと思うときは、化粧水をいつもの倍の量つけてみたり、部分的に乳液をひたひたにしたシートマスクをつけてみたり、いつも使っているスキンケアアイテムの使い方を工夫してみる。また、季節に合わせて新しいアイテムを導入してみるのもいいでしょう。

自分の肌の声を聞く習慣ができれば、どんなときに違和感があったり、触り心地が変わったりするのかがわかりやすくなって、肌が扱いやすくなっていくはずです。

# スキンケアをはじめる前に目を閉じて深呼吸

「一日頑張ったなぁ」と思う日の夜。「明日も朝早いし！」と少しせかせかとした気持ちのまま、とりあえず寝てしまうという人も少なくないのではないでしょうか。

でも夜のスキンケアは、頑張った日の自分と明日も頑張る自分を切り替える、大切な時間。ゆっくりマッサージやストレッチをする時間はないと思う人は、スキンケアの前に、目を閉じて、ゆっくり「深呼吸」を取り入れてみましょう。

いつも無意識に行っている呼吸は、緊張状態が続いて心に余裕がなくなると、浅い呼吸になりやすいのです。浅い呼吸が続くと自律神経が乱れやすくなり、不安になったり、イライラしたりしてしまいがち。一方、深呼吸をすると、リラックスして心を落ち着かせることができます。また体のすみずみにまで新鮮な酸素がいきわたり、細胞の修復・再生を手助けする成長ホルモンが分泌されやすくなるので、美肌にもつながるといわれています。

深呼吸のポイントは、鼻から深く吸ってゆっくりと長く吐いていくこと。また吐いていくときに、心のモヤモヤなど余分なものも吐き出すようにイメージすると、心も軽くなっていくでしょう。

深呼吸したあとのスキンケアは、いつもより丁寧にできる気がしませんか？

# スキンケアの手順を心の中で実況する

忘れたくても、忘れようとするほど頭から離れなくなる悩みはありませんか？ 切り替えようとしても「なんであのとき、あんなことをしたんだろう」と、いろいろなことを考えては、心がヘトヘトに疲れてしまうこともあるでしょう。

もしそんな日々を変えていきたいと思うなら、今ここに集中する「マインドフルネス」の要素をスキンケアに加えてみてください。マインドフルネスとは瞑想の1つで、日々の生活に取り入れると、緊張、不安、ストレスが軽減されるといわれています。これをスキンケアに取り入れる方法は、「工程を実況する」ことです。

例えば、「とろりとしたクレンジングでメイクがスッキリ落ちている」「もこもこの洗顔料が、肌の上に広がっている」「手のひらに化粧水をばしゃばしゃと出した」「顔を包む手が、じんわり温かい」「乳液を重ねると肌がもちっとしてきた」と、スキンケアの感触を心の中で実況します。

もちろん、心の中で実況していても、「あの仕事がうまくいかなかったらどうしよう？」と、さまざまな雑念が出てくることもあります。でも、そんな雑念に対して、よい・悪いのジャッジはせず、「今はそんなふうに考えているんだなあ」と受け入れて、また今起きていることに意識を戻していきましょう。

# 肌と一緒に
# 心も潤す

たっぷりと水分を含んだ肌は、ぷりっと持ち上がり、光を纏ったように艶めき、肌と同時に心までも満たされたような気持ちになります。

ただ、〝肌が満たされている状態〟がよくわからないという人もいるのではないでしょうか？

そんなときには、スキンケアを終えたあとにチェックしてほしいポイントが2つあります。

1つ目は肌に触れたときの心地よさ。手のひら全体で優しく触れてみたとき、手に吸いつくように肌がもっちりしているかどうか。2つ目は、鏡を見ながら顔を横に動かしたときに、ほおの高い位置にツヤが生まれているかどうか。ツヤがない状態だと、まだ水分補給が足りていない場合があります。

使う化粧品の種類にもよりますが、基本的にはこの2つの条件が揃えば、潤いがしっかり肌へいき届いている証拠。

肌が潤っていくのを感じながらケアしていくと、心まで潤い、満たされた気持ちになります。

# スキンケアの時間で
# 日常に小さな余白を生む

予定がいくつも入っていて忙しい日々に、充実している気持ちになる反面、ふとした瞬間に心が窮屈だと感じることはありませんか？

「忙しい」という言葉は、「心」と「亡（くす）」が合わさった漢字でできています。つまり本当は大切にしたいと思うことや、目の前にある幸せな出来事を感じとるという、心の余裕がなくなってしまうこともあるのです。

これは、お腹がいっぱいで、自分の好きな食べ物をどんどん口に入れても、心の底から「美味しい」「幸せ」と感じとりにくい状況と似ているかもしれません。

そんなふうに、ゆっくりする時間がないときにおすすめなのが、毎日のスキンケアで小さな余白をつくること。例えば、化粧水をなじませるときに、深く息を吸い、そしてゆっくり吐いてみる。こうすると、その化粧水の香りやテクスチャーがより一層心地よく感じ、いつも忙しない自分の生活に少しの余白を生みます。

また、日々忙しい生活を送っていると、鏡で自分の顔をじっくり見る機会も減っていませんか？　たまには、スキンケアの時間に自分の顔を鏡でじっくり見てみましょう。すると今まで気づかなかった肌の変化を発見することも。

小さな余白を生むことで、日々の生活に心地よさや新しい発見も生まれるのです。

# 大切な日のとっておきアイテムを用意する

いつもとは違う、特別な気持ちになれる大切な日。わたしは「大切な日」には2種類あると思っています。1つは、だれかに会う予定はないけれど、自分にとっては大切な日。例えば、一人で過ごす誕生日、一人で行く初めての場所などです。こういうときは、人からもらった、一度も使ったことのない化粧品を使ってみるのに適しています。普段自分では買わないパックをもらったけれど使うのがもったいない……ということ、ありませんか？ 今まで挑戦したことのない化粧品は肌に合わないこともあり、万が一肌荒れしたら、だれかに会う大切な日なのに気分が下がってしまいますよね。だからこそ、一人きりの大事な日にぴったりなのです。

もう1つは、だれかに会う予定があり、自分にとっても相手にとっても大切な日。例えば、好きな人と一緒に過ごす日や、大切な人の結婚式など。つい新しいアイテムに手が伸びてしまいますが、こういうときこそいつも使っている化粧品を丁寧に使うことが大切。いつも使っているものであれば、急な肌の不調が起こりにくいからです。

とはいえ、大切な日には特別なケアをしたいもの。それならば、いつも化粧水は顔全体に1回重ねるだけのところ、透明感を出したい目まわり、口まわりは化粧水を3回重ねてみるなど、同じアイテムをいつも以上に丁寧に重ねてみましょう。

# マンネリ化は似合うものが変わったサイン

スキンケアにおいて大切なのは、〝今のわたし〟が使って安心できて、心地いいと思えるかどうか。スキンケアが定着することは、自分にとって心地いい習慣ができたことでもあるので、決して悪いことだとは思いません。ただ、「変化がなくてつまらない」と思うくらいなら、少しずつ変えてみましょう。

というのも、今のスキンケアは〝昔のわたし〟にぴったりなもので、〝今のわたし〟に合うものではない場合もあるからです。たとえるなら、昔は自分にぴったりで心地いいと思っていた洋服が、日々過ごしていく中で、しっくりこなくなってきた感覚。

そして、スキンケアのマンネリ化は、日々のスキンケアが上達した、という自分の成長への実感でもあります。「飽きた」「つまらない」という感情を否定せず、ぜひ新たな化粧品や美容法を取り入れてみましょう。

わたしは、いつものスキンケアに変化がほしいとき、今のわたしの状態をリアルに教えてくれる鏡で、自分の肌をよく観察します。すると、過去のわたしが気になっていた悩みと、今のわたしが気になっている悩みが異なることがよくあるので、今気になることを解決してくれる化粧品を新しく導入しています。

肌は日々、変わっていくもの。〝今〟の肌と向き合うことが大切です。

# 全身が整う
# ボディスキャン瞑想

仕事に家事にプライベートに忙しい日々。毎日の予定をこなすのに精一杯になっていると、心や体の疲れにも気づかないふりをしてしまうことも。そんなときにおすすめなのが「ボディスキャン」。〝体を読み取る〟という意味で、頭のてっぺんからつま先までの体の各部位へ意識を集中させ、〝ありのままのわたしを観察する〟瞑想です。

ここでいう〝ありのまま〟というのは、〝今ここで〟聞こえてくる、各部位からの本当の声のこと。それぞれの部位へ意識を向けると、各部位の力みを感じ、「肩が緊張しているな」というような体の変化に気づきやすくなります。

手順は3つ。まず、快適な姿勢になって目を閉じます。寝転がってもいいし、座るのもいいです。次に呼吸に意識を向けてみてください。ここでは、呼吸をするたびにお腹が膨らみ、へこむことを感じてみましょう。最後に、ゆっくりと呼吸を続けながら、体の各部位へ意識を向けていきます。頭頂からスタートして、首、肩、胸、お腹、太もも、ふくらはぎ、足、指先に意識を向けていき、緊張や重さを感じる部位がないか観察していきます。こうすることで、全身の力みに気づくでしょう。

頭のコリは考えすぎ、肩のコリは頑張りすぎなど、その力みは、心から発生しているかもしれません。それに気づいたら、体と一緒に心もほぐしてみてくださいね。

# 肌の乱れは
# 生活の乱れ

朝起きて鏡を見ると、急な肌荒れに目がいくことはありますか？　メイクが落としきれていない、保湿が足りていないことが原因かもしれませんが、日々の食事の偏りや睡眠不足も、肌荒れの原因になることがあります。

〝肌は生活を映す鏡〟です。肌荒れが気になるときは、日々の生活も見直してみましょう。

まず食事に関しては、炭水化物やタンパク質と同じくらい必要な栄養素、「脂質」を摂ることが大切。特に体内では生成できない、えごま油、亜麻仁油などに含まれる「オメガ3系脂肪酸」は、肌の生まれ変わりであるターンオーバーを促す働きがある、よい脂質です。これらは加熱に弱く酸化が早いので、食べる直前にスープの上にかけたり、サラダにかけたりして使うといいでしょう。

次に睡眠。睡眠の質が悪かったり、極端に睡眠時間が短かったりすると、睡眠中に分泌される成長ホルモンが減少し、ターンオーバーがうまくいかなくなります。そうすると、皮脂の分泌が活発になり、毛穴の角栓や黒ずみがポツポツと目立つ原因にもなってしまうのです。

日々のスキンケアも大切ですが、それと同時に生活の土台を整えることも大切です。

# 肌のゆらぎに救世主

季節が変わっていく瞬間や、新しい環境に身を置くとき。ワクワクしたりドキドキしたりする気持ちと同時に、ピリピリとした肌の違和感を抱き、これまでにはなかったような肌悩みが出てくることもあります。この状態を〝ゆらぎ肌〟といいます。気温差、空気の乾燥、紫外線の増加、環境の変化によるストレスや不安などによって、いつもより肌が敏感になることもあります。

そのため、ゆらぎやすい時期にも安心できるような、自分にとっての救世主アイテムを用意しておくことがおすすめです。

使いはじめる時期は、暖かくなってきた、暑くなってきた、涼しくなってきた、寒くなってきた、と感じはじめるとき。これらは、肌のゆらぎがはじまるサインです。

ゆらぎ肌のときには、スキンケアはコットンを使わずに手で優しくハンドプレスしてみたり、乳液やワセリンなど保湿剤のみでスキンケアを完了させたりすることもいいでしょう。肌がゆらぎやすい時期はバリア機能が低下しているため、いつものスキンケアが刺激となる場合があります。だからこそいつも以上に優しくケアすることが大切なのです。

そんなときの救世主を用意しておけば、肌がゆらぐ時期も心穏やかに過ごせます。

# 朝と夜のスキンケアをすみ分ける

美肌を叶えるためには、どんな心の状態でも、毎日無理なく続けられる基本のスキンケアがとても大切です。ただ、朝のスキンケア、夜のスキンケアではそれぞれの目的が異なります。

まず朝のスキンケアでは、その日の肌の状態を見極めること。自然光が入る場所へいき、「いつもよりクマが目立つな」「唇の血色が悪いな」というふうに、その日の肌の状態を観察します。次に、顔の中でも部分的に異なる肌の質感に合わせてケアをします。例えば、寝ている間に出てくる皮脂や汗などによってベタつきが気になる部分は、洗顔料で洗うこと。逆にカサつきが気になる部分は、ぬるま湯だけで洗うこと。その後のスキンケアも肌の状態に合わせてカスタマイズ。ベタつく部分はジェルのみ、カサつく部分はクリームまで塗るなど、そこに必要なものを与えましょう。

そして夜のスキンケアは、一日頑張った自分の肌を労るために、回復させるケアを。おすすめなのは、寝ている間を利用して〝どんな肌に育てたいか〟を考えながら、化粧品を選んでみること。例えば、顔全体を明るく見せたいなら、美白化粧水や美白クリームを。目まわりにふっくら感がほしい場合は、アイクリームを選ぶのもいいでしょう。

# メイク落としは手洗いと同じタイミングで

みなさんは、どのタイミングでメイクを落としますか？

とりあえずご飯を食べたあとに、テレビを見たあとに、やっぱりお風呂の中でクレンジングしよう……。そんなふうにメイクを落とすこと自体、つい後回しにしてしまうほど、面倒くさいときもありますよね。ときには、メイクをしたまま寝落ちしてしまうこともあるかもしれません。

おすすめのタイミングは、家に帰ってきて手を洗うときです。このタイミングで落とすと、まるで〝メイク〟という重たい鎧を脱いだように、顔がスッキリ軽くなり、解放感が生まれます。家に帰ったあとしばらくメイクをしたままでいると、ずっと頑張るスイッチが入ったような気持ちになりますが、すぐにメイクを落とすことで頑張るモードを終わらせるような感覚。お店にたとえると、メイクを落とすことは、〝今日の営業は終了！〟とシャッターを閉めるような感覚と似ています。

また、メイクをしていない日でも、頑張るモードを終わらせて、ゆったりと休む気持ちに切り替えるという意味で、もこもこの泡で洗顔をするのもおすすめです。解放感にプラスして、今日の自分を優しく、労っているような気持ちになれるでしょう。

# 限界でもできる
# 基本のケアを確立する

心や時間に余裕がなく、疲れきっている日でもできる、「基本のスキンケア」を1つつくってみましょう。毎日の基本のスキンケアが、化粧水→美容液→乳液→オイル→アイクリーム→リップクリームというふうに、使用するアイテムの数が多いと、本当に心や体が疲れて何もしたくないときに、スキンケア自体が苦痛になってしまうからです。

そこで、いつものスキンケアで大切にしてほしいのは、脱力していてもできるし、気合いが入っているときでもできる内容であること。例えば化粧水と乳液の2品を使うことを基本のケアにしてもいいし、一度でさまざまなケアが期待できるオールインワンジェルだけを使うのもいいと思います。

基本工程が多いと「これができなかった……」と数えては、できない自分に対して気持ちが下がるばかり。そこで、基本のスキンケアをシンプルにした上でケアを足していくようにすると「いつもはできなかったけど、今日はこれもできた！」と、できた数を数えることになり、頑張った自分を褒められるはずです。

心や体がどんな状態でも無理なく続けることができる基本のスキンケアがあれば、いつものスキンケアの時間も、自分を大切にできる時間に変わっていきます。

# 小さなパーツこそ
# 丁寧にケアを

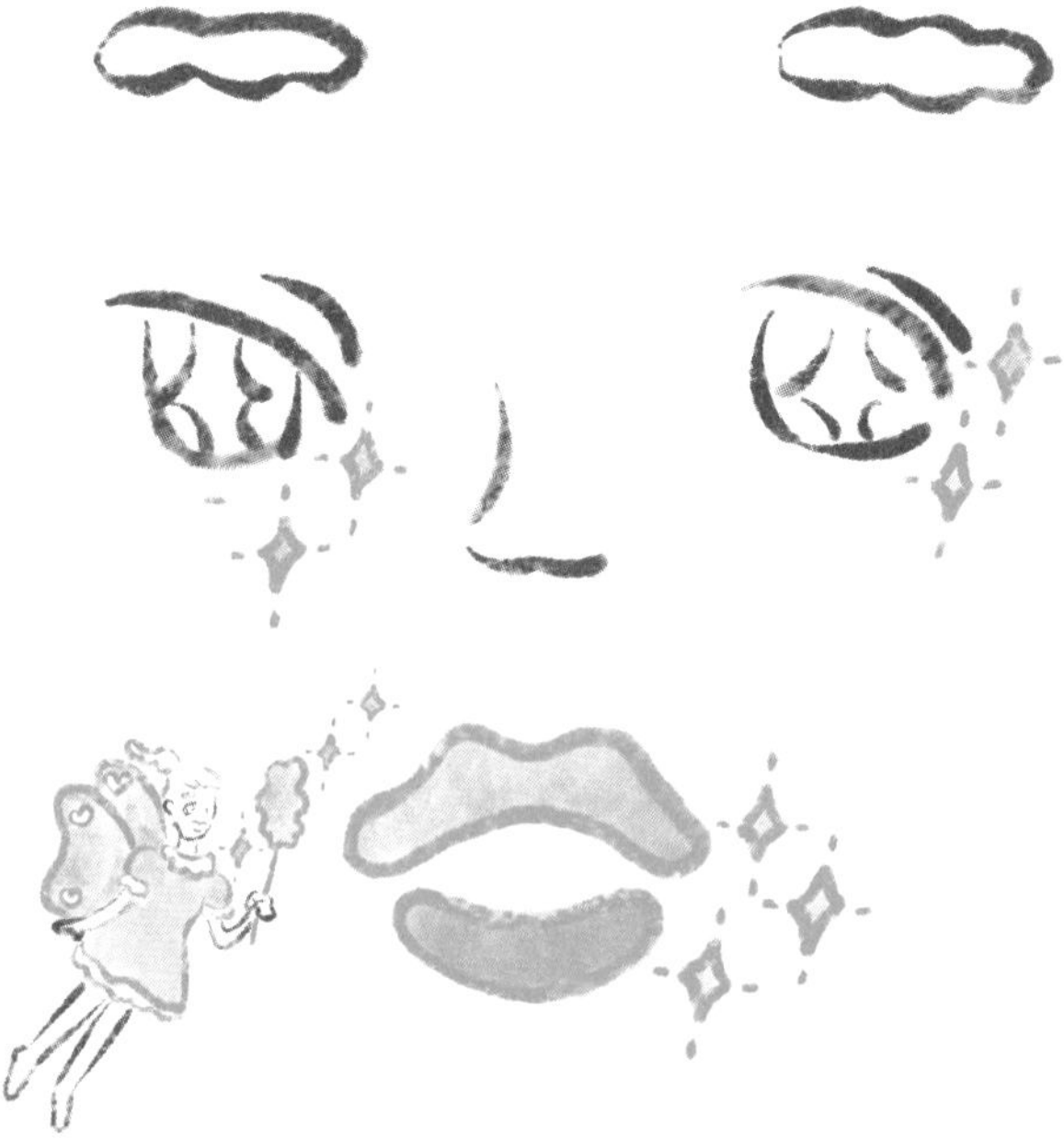

マスカラやリップなどのメイクはしっかりしていても、つい肝心の目元や口元のケアはおろそかになっていませんか？　顔のパーツの中でも目元や口元は、最も皮膚が薄く、特に動かす部分。そのため、くすみや乾燥などの悩みも引き起こしやすく、エイジングサインが見えやすいところでもあるのです。

わたしにとっての普段はあまり意識しない小さなパーツのケアは、掃除と似ています。例えば、よく目にするところ、すぐ掃除機をかけるようなリビングは、〝とりあえずきれいな状態〟をつくりやすい場所。これは通常のスキンケアと同じ感覚。

逆に、あまり目にはしないところ、手間はかかるけれどきれいにしたい、窓のサッシなどの隙間は、定期的に掃除をすると、目に入るすべての空間が磨かれた気持ちになります。これをスキンケアに置き換えると、パーツの大きさに関係なく、抜かりなくケアができて、細部まで潤った自分に、きっとうっとりすることでしょう。

そのためには、アイメイクやリップメイクを落とすときは、コットンにリムーバーをひたひたにして肌を労るようにクレンジングしたり、余裕があるお休みの前日はアイクリームとまつ毛美容液を丁寧に塗ってみたり、リップ美容液を塗ったあとにラップを重ねてパックをしてみたり。細部こそ、丁寧にケアしてみてくださいね。

# 過去の美しさより、今の最高を目指す

年齢を重ねていくたびに、今まで気にならなかった肌悩みも増え、鏡を見て自分のイヤな部分の数を数えては気持ちが下がっていく。そのように、自分に対するネガティブな考えが積み重なっていくと、心の重荷となり、肌だけでなく顔の表情までも老けたように見えてしまうことも。

そんなエイジングサインに対して、何より大切にしてほしいと思うのが、〝今の最高〟を目指すことです。

今の自分にとって一番いい状態を目指すことは、過去の肌に戻そうとあがったり、昔の肌と比べて落ち込んだりするのではなく、今の肌をどうやっていい状態にしていけばいいのかと考えて、できることを増やしていくことです。大切なのは、今の自分の肌を見て、それに合わせたケアで肌を育てていこうとする気持ち。鏡に映る自分の肌に、少しでも心がモヤモヤするのであれば、その気持ちをスルーせず、「どうすればいいか？」を考えていきましょう。

それほど気にかけなくてもよかった昔の肌の状態を知っているからこそ、比べてしまうのは当然。けれども、ただ比べて落ち込むだけで終わるのではなく、〝今の自分の肌をどう最高にするか〟を考えるほうが、気持ちが前を向いていくはずです。

# 初めての感動を忘れない

初めて化粧品を使ったときの感動を覚えていますか？

化粧水をたっぷりのせたら肌がぷるんと上を向いた気がした、リップクリームを塗り続けて唇の乾燥が気にならなくなった、など。

化粧品によって自分の悩みが解消されたときの感覚は、自分が〝ここまで〟と決めていた〝きれい〟を更新するきっかけにもなります。

つまり感動するという経験は、「生まれつきだから仕方ない」「わたしには無理だろうな」と思っていた美容に対する価値観を大きく変えてくれるのです。

わたしも、美容のおかげで小さな自信を生むことができました。中学生の頃、色黒な肌がすごくコンプレックスだったので、雑誌に載っていた美白化粧水を試しに使ってみることに。すると、色黒だったわたしの肌に家族も驚くほどどんどん透明感が生まれて、顔色が明るくなったのです。

そのとき、「〝わたし〟という土台のままでも、こんなに変われる部分もあるんだ！」と、自分で決めつけていた枠が一気に広がったような感覚になりました。そして、「美容を取り入れれば、わたしは自分の見た目にＯＫを出せる日がくるのかもしれない……！」という自分の可能性に気づき、感動したのを今でも覚えています。

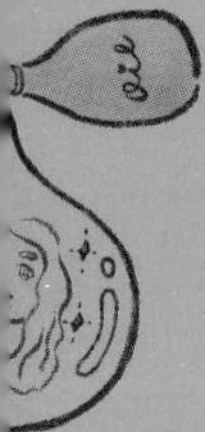
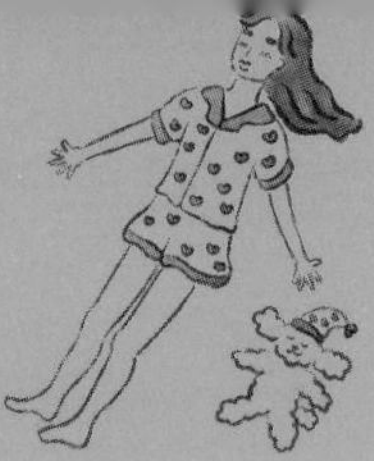
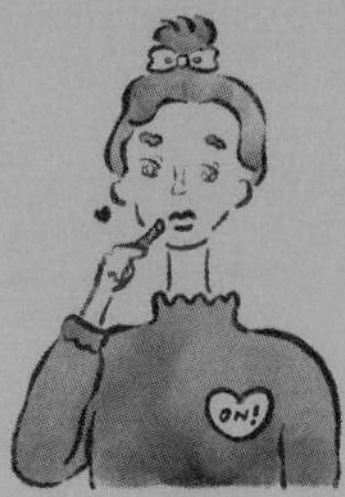
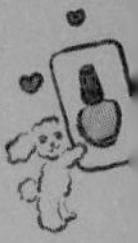

# 第3章

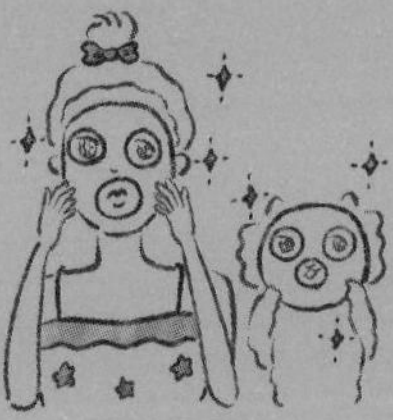
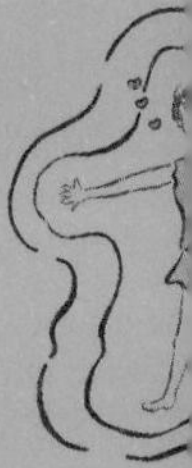

# わたしをとり戻す至極の癒しタイム

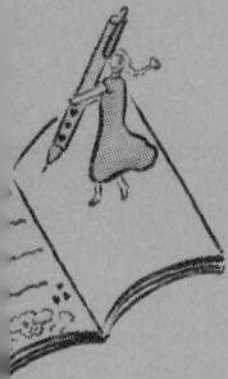
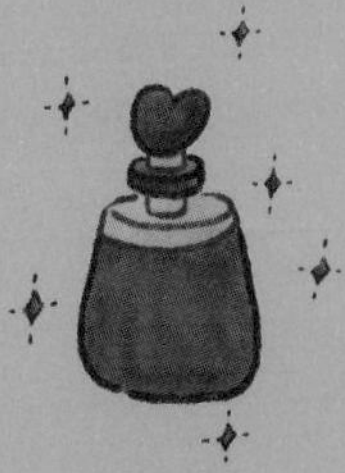
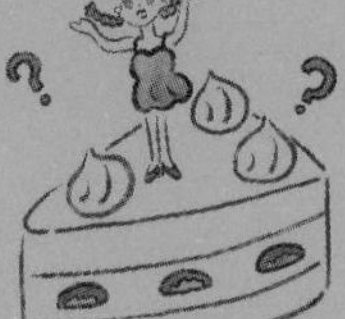
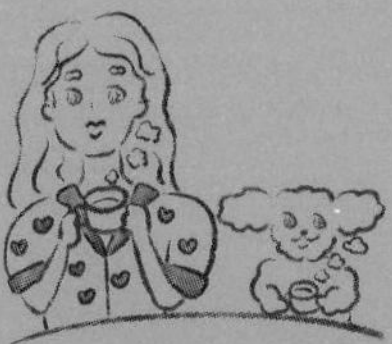
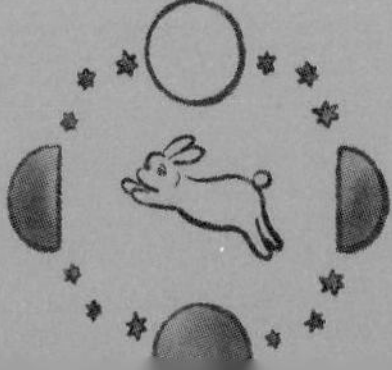

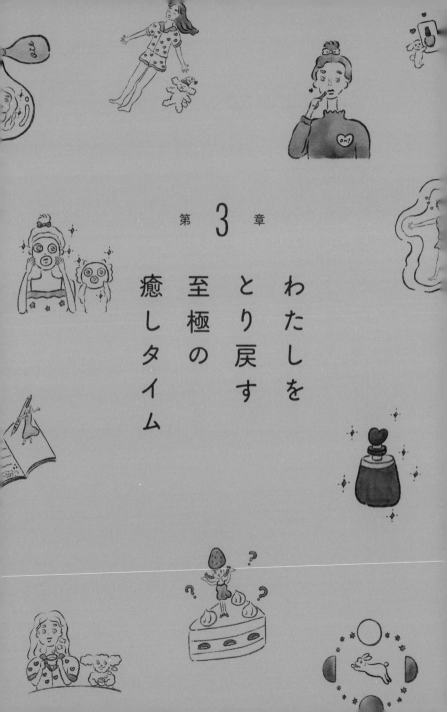

# だれかじゃなくて、わたしの一日

一日はあっという間に過ぎていきます。
朝起きて、バタバタと家を出て、会社へ向かう。
気づいたら外は暗くて、ヘトヘトで家に着く。

そんな日の繰り返しです。

時間に、人に、流されたままじゃなくて、
一日の中に、自分の癒しを入れてみる。
すると、生活の中にちゃんと「好き」を感じます。

好きな香りに包まれた瞬間。
お風呂にプカプカ浮いている瞬間。
一日の終わりに布団に包まれる瞬間。

わたしの一日は、わたしだけのものです。

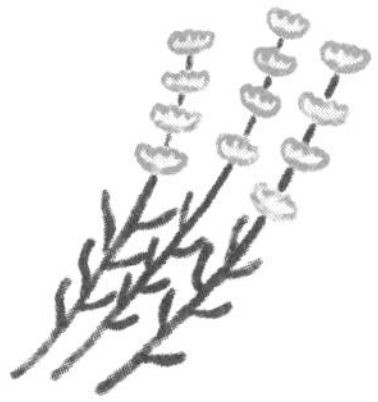

# 自分の好きな
# 香りを知る

第3章

わたしをとり戻す至極の癒しタイム

自分の好きな香りを知っておくことで、落ち込んで元気がほしいときや、疲れ果てて癒しがほしいときなど、その日の気持ちに合わせた香りを選びやすくなります。

わたしも、自分の好きな香りをわかってはいるつもりでも、いつもとは違う香りで気分を変えたいときは店頭に行き、好きになれそうな香りを探します。

香りを纏うアイテムは、香水、ボディ・ハンドクリーム、ヘアミスト、スキンケアなどさまざま。おすすめは場面と時間に合わせて使い分けることです。

例えば、朝から夕方まで打ち合わせが入っていて、できるだけ長く香りを楽しみたいときは、香水。勉強していて張り詰めた気持ちに、ホッと一息つきたいときは、香りつきハンドクリーム。だれにも邪魔されたくない、自分のことだけを考えて、頑張った心と体を労りたいときは、ボディクリームやヘアミスト。朝、いい気分で一日をスタートさせたり、夜、疲れきった心と肌にたっぷり潤いを与えたりしたいときは、心地いい香りのスキンケアラインを使っています。

〝香り〟は唯一、目には見えない美容。それでも、疲れたとき、癒されたいとき、頑張りたいときなど、日々のさまざまな気持ちを後押ししてくれる存在でもあります。つけたいシーンを考えながら、好きな香りを楽しみましょう。

# 月の満ち欠けに合わせて

古くから、月の動きは女性の心と体のリズムに関係しているといわれています。例えば、月の満ち欠けの周期は約29・5日とされていますが、月経の周期や肌が生まれ変わる周期も約28日です。そのため、この周期に合わせて、肌荒れが起こりやすいタイミングや、体が重くなる時期を把握することもできるのです。

月の動きに合わせて美容をすることを「月美容」といいます。月の満ち欠けに合わせて心と体を労ることで、自然と調和しているような感覚になり、自分を大切にするきっかけにできるのです。そして月の満ち欠けには、大きく4種類あります。

1つ目は新月。新しいことをはじめるのに適した時期でもあるので、今まで使ったことのないアイテムでのケアを試すのにぴったりです。2つ目は上弦の月。満月に向かって月が満ちていくように、吸収力が徐々に高まっていく時期。たっぷり肌や髪の保湿ケアをしてみるのもいいでしょう。3つ目は満月。月がめいっぱい満ちた状態は、体の吸収力が最も高まる時期。スペシャルなケアで自分を愛でて大切にしましょう。4つ目は下弦の月。溜まった老廃物をデトックスするのに適した時期なので、スクラブなどで肌の古い角質を落としたり、デトックスが期待できるハーブティを飲んだりして、肌や体にある不要なものを取り除くケアがおすすめです。

# 大好きなお風呂で心まで温める

お風呂は、体の汚れを取るだけではなく、日頃の心や体の疲れをじんわりとほぐす場所でもあります。そんなお風呂時間をより心地よく、快適に過ごすためには、お湯の温度、入る時間も大切にしてみましょう。

まずは、40度前後の湯船に15分間くらい浸かり、副交感神経を優位に。すると心身をリラックスさせることができます。逆に、42度以上の湯船に浸かると交感神経が優位になり、さらにかゆみの原因になる成分が発生する可能性もあるので要注意。

また、首までしっかり浸かると、湯船に入っているお湯の重さ、圧が体にかかることで、全身がマッサージされるような状態になり、むくみをとる効果が期待できます。そして首までお湯に浸かると、浮力作用が働き、湯船の中では普段の体重の約10分の1まで減少することがわかっています。プカプカと湯船に浮く感覚は、日頃の重力から解放された状態。筋肉や関節への負担が軽くなるのを感じられるでしょう。

また、これらに合わせてわたしは、浴室の電気を消して、歌詞のないヒーリングミュージックを流しながら湯船に浸かることもあります。音楽療法では「同質の原理」というものがあり、「自分の今の気持ちを代弁してくれるような音楽を聴くことで、心が慰められる」といわれています。

# わたしの心を
# ゆるめるアロマ

香水、ボディ・ハンドクリームなど、香りを楽しむためのアイテムがたくさんある中、香りを楽しむ使い道が最も多いのは、アロマテラピーだと思っています。

アロマテラピーとは、草、花、樹木といった植物から抽出した香り成分である精油（エッセンシャルオイル）を使った自然療法のこと。心身の調子が優れないときに使うことで、心と体を癒してくれます。

最も使いやすい方法は、アロマポット、アロマディフューザーなどの専用器具を使い、部屋に香りを拡散させる「芳香浴法」。日常的に取り入れやすく、部屋全体に香りをいき届けることで心身のリラックス効果を高める方法です。わたしは一日の中で自然と触れ合う機会が少なくストレスを感じているときに、この方法を取り入れます。

ほかにも、体の一部分を温める「部分浴法」があります。足と手のどちらかを、精油が入ったお湯の中へ入れて温める方法です。手のひら（手首まで）を温めると上半身の血行がよくなり、足（くるぶしまで）を温めると全身の血行がよくなります。デスクワークや家事で手や足が疲れたときにおすすめの方法です。

アロマは、せかせかしていた気持ちを落ち着かせ、緊張をゆるめてくれる、わたしの日常に欠かせない、癒しの存在になっています。

# 疲れたときは「ながらケア」を導入

# 第3章

## わたしをとり戻す至極の癒しタイム

疲れた心と体を癒したいのに、疲れすぎてその気力もない。そんな、労りたい気持ち5割、疲れた気持ち5割というときは、ほかのことをしながらできる、〝ながらケア〟を取り入れましょう。ポイントは、日々の生活をガラリと変えるのではなく、変わらない生活の中に片手間で、できることを取り入れること。

例えば、ドライヤーをしながらシートマスクをする、テレビを見ながらマッサージをする、歯磨きをしながらかかとの上げ下ろしをするなど、ながらでできるケアをたくさんつくっておくと、労りたい気持ちにも疲れた気持ちにも応えられ、自分の気持ちを大切にできる習慣が生まれます。

わたしの場合は特に、お風呂に入りながらできるケアをたくさん用意しています。例えば、湯船に浸かりながら、ヘアパックをしたり、足や頭皮のマッサージをしたり、ホットタオルで首の後ろを温めたり。

いつもきれいな状態をキープしたい！　という気持ちはあるものの、毎日美容へのモチベーションを一定に、高い状態を保つのは難しいもの。ちょっと面倒くさいけど適度にケアしたいなと思うときは、ながらケアを取り入れてみましょう。

# 全身が潤うと 大切にされている自信に

全身の保湿ケアはしていますか？　保湿アイテムを塗る範囲も多く、服を着たあとは特に、また服を脱いでクリームなどを塗らないといけないと思ってしまうと、少し面倒に感じてしまうことがありますよね。

全身が保湿されていると、透明感が出るのはもちろん、ふと腕や脚に触れたとき、もちっとしたやわらかい肌触りになっています。これは、全身が潤いで満たされた肌になっている、自分のケアがきちんといき届いているという自信にもなるのです。

おすすめのタイミングは、浴室内で顔以外の全身の保湿ケアを完了させること。湯船から出たあとの肌は、角質が水分を含み、やわらかい状態になっているため、ボディオイルやクリームのなじみがよく、保湿効果が高まるからです。また、浴室の蒸気は、加湿器をたいた場所と同じような空間なので、肌が乾燥しにくい状態でケアができます。

まずは浴室に入る前に、取りやすい場所へ乾いたタオルを用意。そして湯船から出たあと、そのタオルで全身の水気を優しくふきとり、お気に入りの保湿アイテムを重ねていきます。特に乾燥しやすいひざ・ひじ・指先にはオイルを先に塗ってからクリームを重ねることで、安心できる保湿力を感じられるでしょう。

# しんどい朝にも
# 元気を出せるきっかけを

毎日、心と体が元気な状態で朝を迎えられるわけではないですよね。昨日の疲れが残っていたり、その日の予定を考えて少しドキドキしてしまったりすることもあるでしょう。そんな状態でも一日を乗り越えなきゃいけないときは、自分の背中を押してくれるような朝のルーティンをつくってみるのもおすすめです。

ルーティンをつくるポイントは、無理なくできる内容を組み合わせること。今回はわたしがおすすめするルーティンをいくつかご紹介します。

まず1つ目は、白湯を飲むこと。朝の体は、寝ている間に汗をかいて水分が失われている状態なので、水分補給が必要です。そして、内臓を優しく温めることで、代謝が上がり、体の血流がスムーズになります。

2つ目は、シャワーを浴びて交感神経を優位にすること。シャワーの圧は肌にとって気持ちのいい刺激となり、寝起きの脳を活発なモードに切り替えてくれます。

3つ目は、蒸しタオルを顔にのせること。顔全体を覆うホットタオルをのせることで、血流がよくなり、顔色がワントーン明るくなり、目がぱっちりとします。

忙しい朝でも「とりあえずこれをやったからちょっとは元気出た！」と思える朝のルーティンがあると、少しだけ気持ちを前向きにするきっかけをつくれるのです。

# 何もしない時間を
# つくってみる

湯船に浸かっている時間は、服も着ておらず開放的で、気持ちも解き放たれた空間。さらにスマホやテレビなどからも一時的に離れることができるので、いろいろな情報に左右されることもありません。

お風呂時間は、湯船でマッサージをしたりストレッチをしたりと、〝何かをする〟という選択もいいと思います。けれどたまには、いつも何かに悩み、頑張っている自分に対して、〝何もしない時間〟をつくることも必要です。

日々忙しくしていると、無意識に呼吸が浅くなりがち。ゆっくりと深呼吸をしながら、湯船の中で浮かんでいる自分や、お湯の温かさを感じ、普段はあまり聞こえてこなかった湯船のポチャポチャとした音、洗面器などから垂れるしずくの音に少し耳を傾けてみる。これは湯船の中でしか味わえない、至福のひとときで、とろんっと心と体がゆるんでいく時間でもあります。

そのほかにも、キャンドルのやわらかな灯りだけで過ごしてみたり、大好きな香りのバスオイルを湯船に入れてみたり。その空間で味わえる音や温かさをじっくり感じながら、たまには、〝何もしない〟という時間もぜひつくってみてください。

# 指先までケアすると全身が満たされる

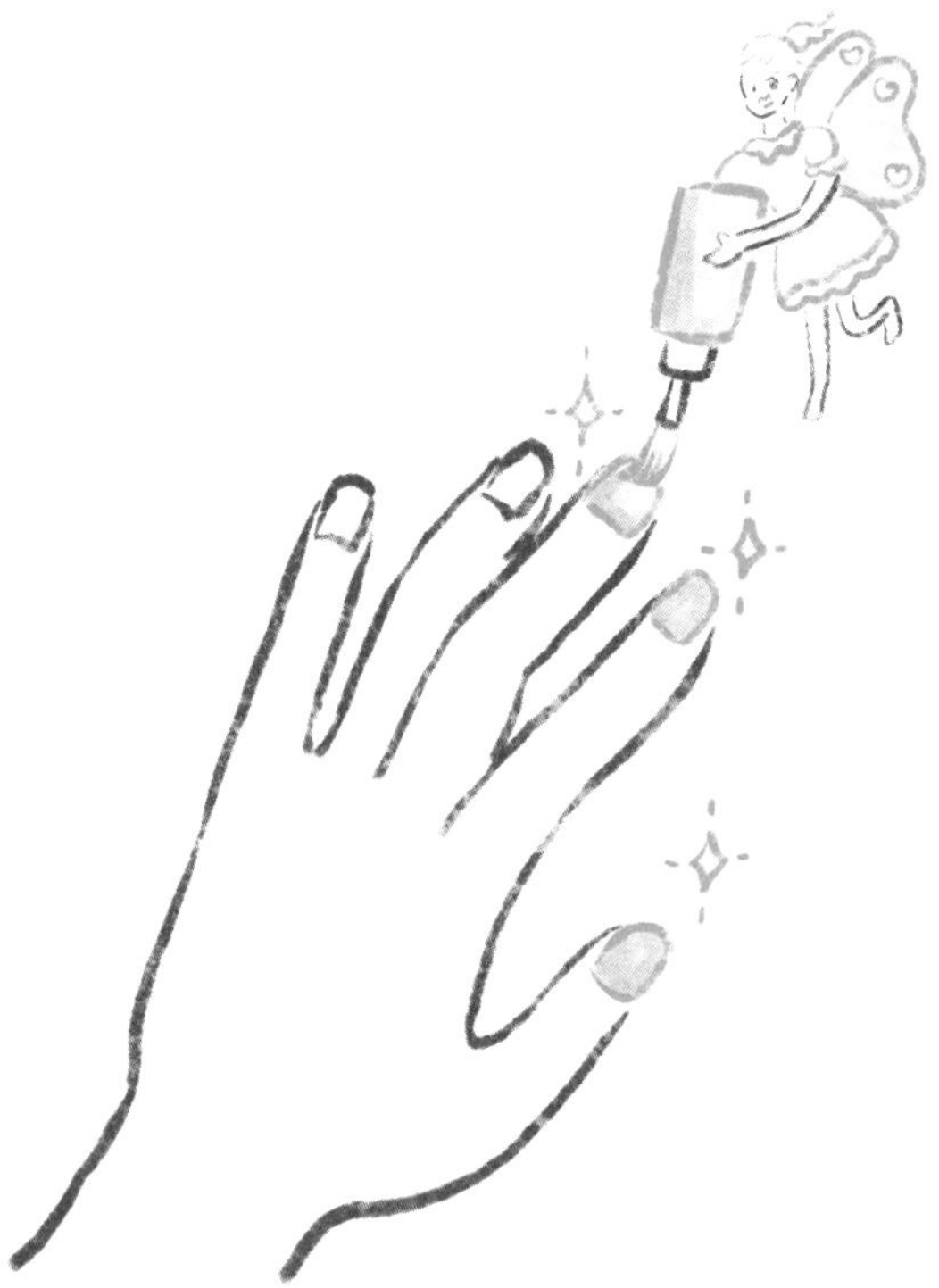

指先までケアをすると、動作や気持ちまで変わっていきます。例えばネイルをすると、指先まで意識が向き、動作が美しくなる。また視界に入るネイルを見ると嬉しくて、仕事や家事をしているときもテンションが上がります。

試しに、指先までのケアが〝スキンケア〟だと思ってみてください。すると、体のすみずみまでお手入れをはじめてみようと思えてきます。

まず、大前提として覚えておきたいのは、爪は肌と同様、皮膚の一部なので、保湿ケアは欠かせないということ。わたしの場合は、手を使う機会が少なくなるお風呂上がりに、ハンドクリームで手肌と爪を保湿しています。さらに美容液で肌のスペシャルケアをするように、ネイルオイルで爪のスペシャルケアを取り入れることも。

また、心と時間に余裕があるときは、お風呂上がりの角質がやわらかくなっている状態で、爪表面の不要な角質を落とします。その手順は、「キューティクルリムーバー（柔軟液）」を爪表面に垂らし、「プッシャー」を爪表面にすべらせて、不要な角質を落とすというもの。

不要な角質を落としてあげると、爪が明るくなるのはもちろん、ネイルがとても塗りやすくなり、きれいなネイルを完成させることができます。

# わたしらしい香りを持ち歩く

外出先で予想していなかった出来事に遭遇して落ち込んでしまい、気持ちの切り替えがなかなかできない、という日もありますよね。もちろんその日のスケジュールによっては、カフェや公園に行って、冷静になってゆっくり考えてみたり、気持ちを落ち着かせる時間をとれたりする場合もあると思います。けれど、毎日がそういうわけではないですよね。

そこで、外出先で自分の心を切り替える方法としておすすめしたいのが、ハンドクリームや香水など、香りを持ち運ぶということ。そして持ち運ぶものは、いくつか持っている香りの中でも2番手のものではなく、「わたしといえば、この香り！」というような、一番気に入っている、主役的なものを選びましょう。

そして、そのお気に入りの香りのするアイテムを身に纏ったあとは、意識的に心を落ち着かせるように、ゆっくりと深呼吸も行ってみましょう。深呼吸をすることで、副交感神経が優位になり、リラックスして、気持ちを落ち着かせることができます。

わたしにとって、一番気に入っている香りを持ち運ぶということは、どこでも本来の自分をとり戻すために欠かせないことだと思っています。

# 朝の光を感じて
# 心と体を起こす

少し遅く起きた休日の朝、カーテン越しに降り注ぐ明るい日差しの中で、そよ風を感じられる時間。これほど気持ちを穏やかにしてくれるものはありません。そして、朝の光を浴びると、「今日は何をしよう?」と、ワクワクした気持ちで、一日のことを考えられます。

暖かくなる時期や涼しくなる時期は、窓を開けたりレースカーテンにしたりして、家の中でも光と風を感じてみる。そして、光と風によってなびく緑をたっぷり感じるために、散歩をしてみる。自然と調和する瞬間を日常にたくさんちりばめておくと、自分の心がほぐされた感覚になります。

けれど、日光の浴びすぎにはネガティブなイメージもありますよね。だからこそ、日光と上手に付き合うこと、そのバランスがとても大切です。

朝に日光を浴びると、気持ちを安定させる幸せホルモン「セロトニン」が増え、逆に「セロトニン」が不足するとストレスや疲労が溜まる原因にもなります。また、朝の光を浴びると体内時計が進み、睡眠ホルモンである「メラトニン」の分泌を抑えられ、日中は快適に過ごせて夜には眠たくなり、睡眠の質が高まるのです。

朝の光を十分に感じられたら、しっかり日焼け対策をして出かけましょう。

# 心が窮屈なときは香りで空間を変える

# 第3章
## わたしをとり戻す至極の癒しタイム

一日中、家の中にこもっていると、気晴らしができず、少しストレスが溜まるような気分になることもありますよね。

そんなときは、空間に香りが漂うルームスプレーを使い、瞬時に部屋の空気を変えてみましょう。すると、部屋全体の雰囲気をすぐに変えられるだけでなく、自分の気持ちの切り替えもできます。というのも、仕事で気持ちをシャキッとしたいとき、心と体を労ってリラックスしたいとき、何も考えずひたすら趣味に没頭したいとき、というふうに、いつでも自分の気持ちが一定であることはないからです。

ちなみにわたしは、そのときの気分によって異なる自分に合わせるためにも、いつも3種類ほどのルームスプレーを常備しています。休日の朝、大切に育てている観葉植物を見ながらお家で森林浴をしているような気持ちになりたいときは、シダーウッドを基調としたものを。お昼からリモートでの打ち合わせがあるとき、それまでののんびりとしていた自分の気持ちをオンにしたいときは、ジンジャーを基調としたものを。もう何も考えたくないほど、心と体が疲れきっていて、とりあえずボーッとしたいと思うときは、フランキンセンスを基調としたものを用意しています。

自分がどんな気持ちになりたいのかを考えて、香りを選ぶのも楽しいですよ。

# 寝香水で
# 一日をリセット

イヤな出来事が忘れられない日や不安で寝つけない日、ひどく疲れた日にぜひ取り入れてほしいのが「寝香水」。

寝香水というのは、眠る前に心地いい香りを身につけて、寝る環境を整えることです。寝香水のいいところは、周りの人の気持ちを考えながら選ぶ香水とは異なり、自分のためだけに選んだお気に入りの香水を纏えることです。

寝香水の選び方は、日中につけるものとは異なります。1つは、やわらかい香り立ちであること。強い香りであると、睡眠の妨げになってしまう可能性があるので、ふわっと香るものにしましょう。

もう1つは香りの持続力が短いオーデコロン（1～2時間持続）かオードトワレ（2～5時間持続）を使うこと。寝香水は眠りにつく瞬間の心地いい環境をつくることが目的なので、香りの持続力にこだわる必要はないと思っています。また、翌朝にも香りが残ると、その日の予定に影響が出る可能性があるからです。

そして、寝香水をつけるおすすめの場所は2つ。1つ目はうなじなど顔に近い部分。香りをしっかり感じながら眠りたいときにおすすめです。2つ目は、枕の裏や部屋着。顔に近い部分ですが、直接肌につけない分ふんわり香らせることができます。

# 肌と心に栄養を
# 与える食事

肌や髪をつくる上では、スキンケアだけでなく「食事」も大切です。

わたしが普段、食事の内容で意識しているのは、肌と心の両方にアプローチできる食事であること。例えば、心を整え、幸せを感じとりやすくなる〝幸せホルモン〟は、90％が腸でつくられており、また腸内環境が整えば、乾燥、くすみといった肌悩みが少なくなり、美肌も叶えてくれます。

そのためわたしは、お味噌汁、漬物など発酵食品を日々の食事からとり入れて、できるだけ心が穏やかな状態でいることと、肌トラブルの予防を意識しています。

また、自分に優しくしたいときは、「蒸し器」を使って、野菜を蒸し、ホコホコとした温かい状態で食べることも。低温で加熱されるため、野菜が持っている栄養素が失われにくくなるのはもちろん、コトコト蒸している時間や音が、心地よく、ほっこりとした気持ちになります。

もちろん、自分を甘やかす日もあります。例えばわたしは、カリッカリに揚がったポテトが大好き。でも肌によくないのはわかっているので、1週間頑張ったなぁと思うときや、家族と楽しい時間を過ごすときに食べて、〝好きな食べ物で満たされる〟感覚も大切にしています。

# 1カ月のテーマを決めると楽しくなる

美容習慣にも、そのときの気持ちによって「テーマ」を決めてみると、いつもの美容時間がより楽しくなります。

例えば、仕事から帰宅した夜に、髪のトリートメント、全身のスクラブと保湿、さらに美顔器を顔に当てて栄養を与える、とこれらすべてのケアを取り入れたら、大変ですよね。

一度にたくさんのケアを盛り込んだら、たくさんできたことに対する達成感はあるかもしれません。でもこれは、「ダイエットをする！」と決めて毎日のようにたくさんの筋トレを詰め込んだものの、だんだんと続かなくなり、結果、筋トレが面倒くさくなってしまうことと似ている気がします。

例えばわたしは、〝この日まできれいになりたい〟と思う日まで1カ月あった場合、「肌の透明感を上げること」「髪が艶々になること」「顔のむくみが解消されること」と3つのテーマを決め、1カ月の中に盛り込んでいきます。

このようにしてテーマを決めてみると、日々の美容が苦しくなりません。また、美容習慣を長く続けられたほうが、自分の変化を楽しむことができるはずです。

# 固まった心と頭を
# ほぐすセルフスパ

一日を乗り切った日の夜。ご飯を食べてお風呂に入ったあとのベッドに寝転がる瞬間は、「ぷは〜」と声が出てしまうほど、全身の力が抜け、心と体がうっとりする時間でもありますよね。

わたしは、一日中頭を使って考えごとをした日には、自分の手で頭をマッサージする「セルフヘッドスパ」を取り入れています。というのも、少しマッサージをするだけで頭がスッキリするような感覚になり、よく眠れるような気がするからです。

また、寝転がることで、重たい頭も一時的に軽くなったように感じるので、自分の手で頭皮をマッサージしやすくなります。

特にセルフヘッドスパに適しているタイミングは、お風呂から出たあと。血行がよく、頭皮もやわらかくなっているため、よりマッサージ効果が高まるからです。お風呂から出て髪の毛を乾かしたあと、そのまま寝室に行ってベッドに寝転がると、両手を握りこぶしにして、痛気持ちいいと思う程度の強さでマッサージをしていきましょう。頭皮専用の美容液を重ねてからマッサージするのもいいですね。

日々、いろいろなことを考え、悩んだりしながら頑張っている人もとても多いと思います。そんなガチガチになった心や頭を、たまにはほぐしてあげましょう。

# その時間は、
# 本当に必要？

以前のわたしは、自分を磨くために勉強をしたり、じっくりボディマッサージをしたりしたいと思っていても、「時間がないからできない」が口癖でした。

けれども、SNSでいろいろな人の生活を覗くことにかなり時間を割いていたと気づきました。楽しい面もありましたが、自分の生活と比べては、足りないところに目がいき、〝比較をすること〟に心が埋め尽くされてしまうことが多かったのです。

けれど最近は、SNSを見る時間、見ない時間を決めて、自分がワクワクすることや、自分がきれいになれる時間を増やすようにしています。

例えば、化粧品の収納ボックスがほしいな、と思ったら、「1時間は、北欧雑貨を見る時間にしよう！」と、あえてゆっくり好きなSNSを見てもいい、と決めます。この時間は、いいものとの出会いがないかと、ワクワクする時間です。

そして、午前中がお休みの日でじっくり自分磨きをしようと決めているときは、SNSは見ないことにしています。すると、朝からコーヒーの豆を挽く、じっくりスキンケアをする、ストレッチをする、植物に水をあげる、お散歩をする……というふうに、たくさんの自分磨きのための時間がとれるようになったんです。

〝本当にこの時間は必要？〟と問うと、ワクワクする時間が増えていきますよ。

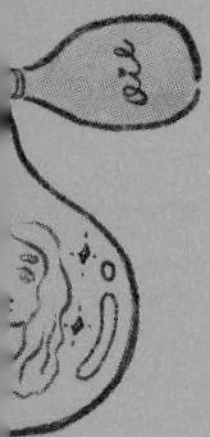

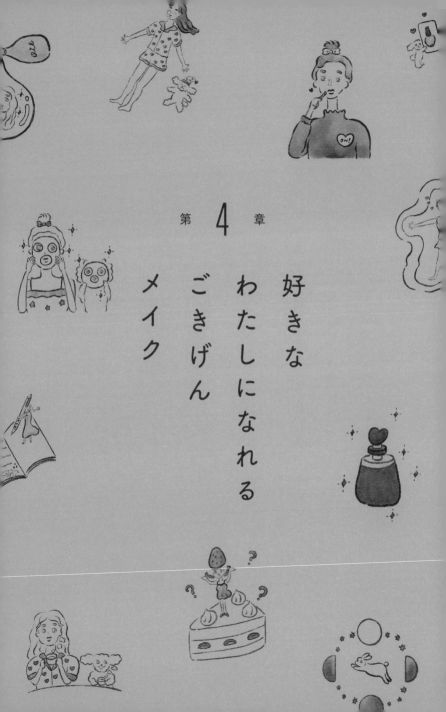

# 第4章

# 好きなわたしになれるごきげんメイク

# だれかじゃなくて、わたしが選ぶ

メイクをするときに、ちらりと目に入るもの。

ほとんど使っていないコスメの数々です。

「バズった」「〇〇が愛用」「〇〇になれる」

そんな言葉で買ったコスメたち。

本当はわたしのために買ったはずなのに、
それを選んだのはきっと、わたしではない。
そんな不思議な感覚になります。

メイクをするのは、自分の顔。
だからこそ、自分のときめきが大切なんです。
わたしによる、わたしだけのための、
ご自愛メイクなのです。

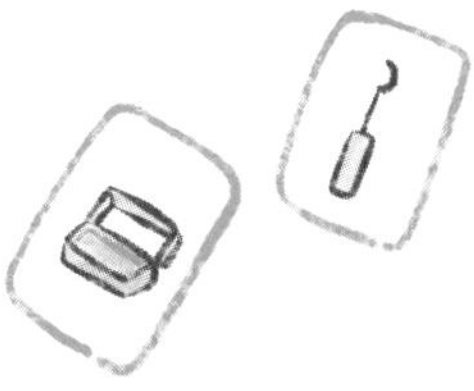

# 自分の顔と
# 向き合ってみる

〝なんとなく〟のメイクを続けていると、メイク自体がルーティン化して、毎日同じような顔になる鏡越しの自分に飽きてしまいますよね。

そんなときには、自分の顔と向き合って、普段のメイクへの「こだわり」を見直してみましょう。

「こだわり」というのは、メイクをする上での譲れないポイントのことです。服でたとえると、Tシャツは体のラインを拾わないだぼっとしたものを着る、ズボンは脚が長く見える丈のものを選ぶなど、その人ならではのこだわりがありますよね。

もちろん、メイクのこだわりを決めなくても、色をのせて線を引いていけば、とりあえずメイクは完成します。でも、〝とりあえず〟でいいのでしょうか？　もともとメイクとは、その日を過ごす自分の気分を上げるものですよね。

メイクを見直すことで、一つ一つのメイク工程の意味を考えるようになります。例えば、目の幅を広げるためにアイラインを長めに引いていること、長いまつ毛を活かしてマスカラを丁寧に塗っていること、チークで血色を補っていること。

すっぴんはもちろん、メイクをした顔もあなたです。日々、自分の顔と向き合うことで、ルーティンではない、気持ちに合わせたメイクができるようになっていきます。

# 憧れの人が持つ雰囲気を言葉にする

だれかに惹かれたときや、雰囲気を変えたいと思ったとき、「なぜか」を言葉にしてみてください。〝雰囲気〟というのは、その人がすでに持っているものや身につけている「形」や「色」から醸し出される〝らしさ〟だと、思っています。

例えば、会社の先輩など、〝素敵だな〟と思っている人が持つ、「形」や「色」ってなんだろう？　と言葉にしてみる。ふわっとした巻き髪が〝優しそうで力が入りすぎていない〟雰囲気をつくっているのかもしれない。真っ赤なリップが、〝強そうでかっこいい女性〟という雰囲気をつくっているのかもしれない。

このように、「どこに惹かれるんだろう？」と思ったら、その人の〝らしさ〟をつくっている「形」と「色」を探してみましょう。

ちなみにわたしの場合、高校生までチークはピンク色一筋でスカートを穿いていることが、〝わたしらしさ〟だと思っていました。けれど大学生になり、バイトの先輩が、バイトのときとオフのときのメイクの色を変えていたり、服装もモノトーンでズボンをかっこよく着こなしていたりして、その人の〝らしさ〟に憧れの気持ちがあり、少しずつできることから取り入れてみました。

# 色選びの基準をゆるめる

最近、「パーソナルカラー」という言葉を耳にすることがとても増えましたよね。化粧品ブランドからも、パーソナルカラーに基づいたコスメが発売され、自分に似合う色がとても選びやすくなりました。

けれども、自分に似合う色にこだわりすぎず、パッと見て「可愛い!」と思う好きな色を選ぶこと、もっと自由に、好きな色を纏うことも大切だと感じています。

というのも、パーソナルカラーに縛られすぎると、買い物中でも「この色可愛いけどわたしには似合わない」「この色を選んだら似合ってないって思われるかな?」と思うことが増え、〝周りによく見られるわたしでいよう〟と無意識に思ってしまうことも。また、色を選ぶことにだんだんと疲れたり、いつも似たような色のコスメばかりで、毎日のメイクが代わり映えしないものになったりするかもしれません。

そのため、〝パーソナルカラーはあくまでも参考程度〟と、色選びの基準をゆるめてみましょう。ときめいたら、思いきって買ってみてください。ちなみに普段わたしが色を選ぶときは、青みよりなのか、黄みよりなのか、ということだけを気にしています。わたしは青みが強いリップを塗ると顔色が暗く見えてしまうので、ここだけは少し意識して選ぶようにしています。

# 「なりたい」を叶える色

みなさんにとって、癒されるなと思う色や、この色を使えば頑張れる気がする、と背中を押されるような色はありますか?

好きな色、苦手な色があるように、色とわたしたちの心には深い関係があり、身につけると元気が出る色もあれば、知的な印象を与える色もあります。その日の気持ちやなりたい印象に合わせて色を選ぶことで、気分を変えることができるのです。

例えば、レッドは情熱や強い印象があるので、頑張りたいときや力強い雰囲気がほしいときには赤リップを使ってみるのもおすすめです。次にピンクは、愛情や可愛い印象。チークに使うと、可愛らしい血色感のある雰囲気になります。そしてオレンジは温もりや明るい印象を与える色で、特に日本人の肌色にはなじみがよく、自然な血色感が出ます。マスカラやアイラインに使うのもいいでしょう。

このように「色」を選ぶときは、好きな色を基準にするのはもちろん、頑張りたい、可愛らしくいたいなど、日によって変わる気持ちに合わせた色を取り入れることもおすすめです。すると、「色」を通じて、自分の心の状態を知ることができたり、向き合ったりすることもできるのです。

色の持つパワーを使って、自分の気分を上げていきましょう。

# ファンデーションで
# 2つの顔をつくる

昔のファンデーションは、肌の色ムラやシミなど〝欠点を隠すもの〟としての役割がとても大きかったように思います。また、肌をきれいに見せるためにとりあえず塗らなきゃいけないもの、だとも思っていました。

しかし最近は、カバー力に特化したものだけでなく、スキンケア効果も持たせたファンデーションが増えました。例えば、日中の乾燥から守ってくれるような保湿成分がたっぷり入っているもの、紫外線から肌を守るUVカットの効果が高いもの、そして、美白に特化した成分が入っているものなど。つけている時間が心地よく、メイクしながら美肌を育てられるようなものが増え、かつてのように〝隠すためのもの〟だけではなくなりました。

わたしは、いつも2種類のファンデーションを用意しています。

1つは、美容液のような塗り心地でカバー力が高いもの。これはたくさんの人に会うときなど、特に自分の肌に自信がほしいときに使います。

もう1つは、スキンケアの延長として使えるような安心できる保湿力と、日焼け止め効果が高いもの。これは特に、一日メイク直しができないときや、気を張らずにリラックスして過ごしたいときに使っています。

# まつ毛を上げない日があってもいい

マスカラを塗った日と塗らない日とでは、目の印象が大きく変わりますよね。小さいパーツながらそれほどの存在感を持つのがまつ毛です。

一方で、まつ毛が上がらない、毛の量が少ない、短いなど、目元の中でも比較的悩みが多い部分でもあります。

わたしも、まつ毛一本一本が細い上に量もそれほど多くなく、わたしの顔のパーツの中では、一番繊細な部分だと思っているので、マスカラをしっかり楽しむ日と、マスカラをお休みする日をつくっています。

例えば、ちょっと気合いを入れたい日や、写真を撮る予定がある日は、マスカラをつける。マスカラをお休みする日は、アイシャドウやアイライナーなどほかのコスメで目のぱっちり感を補ったり、まつ毛美容液でケアしたり、労る日にしています。

最初は、マスカラを休むことに勇気が必要でした。でも〝まつ毛をずっと上げていなきゃ〟という義務感を捨てると、マスカラなしのメイクも楽しめるように。

また、湿気でまつ毛が下がりやすい梅雨や、カラーマスカラを使いたくなる夏は、まつ毛パーマをすることもあります。日中まつ毛が下がる心配がなくなり、思い切りカラーのマスカラを楽しめるので、気持ちも上げられるのです。

# 印象的な目には影と光がある

アイシャドウを塗っていないと、顔全体がぼんやりとして、なんだかパッとしない感じに見えることも。アイシャドウを使う一番の目的は、もともとある目の骨格をハッキリと浮き彫りにさせ、立体的に見せること。アイシャドウを塗ることで、ぼやけていた目がハッキリとし、印象的な目元になります。

そのために大切なのは、アイシャドウの「影」と「光」をしっかり出してくれる色を選ぶことです。まず、アイシャドウでいう「影」には、ブラウンがおすすめ。薄いブラウンだとほのかに影が生まれ、自然に目を大きく見せてくれます。また、濃いブラウンだとしっかり影が生まれ、目をぱっちり大きく見せてくれます。

次に「光」を生むのには肌なじみがいいベージュを。これは、暗い部屋でスポットライトを当てると一部分だけ明るくなるのと同じで、「影」だけを入れた目元にベージュを入れることで、目元が明るくなり、くすみが目立ちにくくなります。

自分の目の形に合わせて、影と光を入れ込んでいく。すると、自分の骨格を活かしたまま、小さいと思っていた目を印象的に見せたり、腫れぼったく見える目元をすっきり見せたりすることができます。

# 印象を変えたいときは質感から

コスメを選ぶときに、色と同時に見てほしいのが〝質感〟です。質感には、しっとりとした光を感じる「ツヤ」、光を抑えふわっとした「マット」、潤いがあり透明感が出る「シアー」、光沢を感じる「パール」などがあります。

質感を見てコスメを選ぶと、新しい色に挑戦するよりもずっと簡単に印象を変えることができます。そして、今持っているコスメと組み合わせやすく、メイクのレパートリーを増やすことができるのです。

色が持つ印象に左右されることもありますが、基本的に、「ツヤ」は色っぽさ、「マット」は落ち着いた印象、「シアー」は健康的な印象、「パール」は上品な印象に見せることができます。

質感を意識するといいタイミングは、いつも同じアイシャドウの色を使う、代わり映えしないメイクに飽きてきたとき、また季節に合わせてメイクしたいとき。そんなときは、普段は使わないマットな質感の単色アイシャドウを選び、持っているものと合わせて使うことで、メイクの幅も広がり、メイク自体も楽しくなっていきますよ。

# 線は引きすぎず、
# 光を残して

アイライナーは太く引いてしまうと、目の印象を望まないほうへ変えてしまう場合があります。

例えば、ビューラーでまつ毛をしっかり根本から上げたあとに鏡を見ると、目の中にある水分に光が反射して、いつもより目がぱっちりと見えることがありますよね。そこに、まつ毛の生え際へアイライナーを太く引くと、光が反射しにくくなり、目が小さく見えたり、重たい印象に見えてしまったりするのです。

アイライナーは、まつ毛の生え際自体には引かずに、まつ毛の生えていない目頭と目尻に引くと、目の横幅の形が強調され、目をくっきりと見せることができます。

もし、目と目の距離が近く、気が強そうに見えることに悩んでいる人は、目尻だけにラインを引くと、目と目が離れて見えてやわらかい印象に見せることもできますし、逆に、目と目が離れていて子供っぽく見えることに悩んでいる人は、目頭だけにラインを引くと、目と目の距離が近く見え、大人っぽく見せることができます。

目を強調したくてつい太く引いてしまいますが、もともとの目の形やなりたいイメージに合わせると、あなたらしさを残したまま印象的な目になれるはずです。

# どんより顔に元気をくれるチーク

チークで血色を纏うことで、顔全体に血が通ったような印象に見え、イキイキとした表情に見せることができます。

わたしはチークを、〝とりあえず今、元気がほしい〟というときに使う、お助けアイテムのような存在だと思っています。例えば、朝一で大事な会議があるのに、朝起きるとなぜか顔のむくみがいつもより気になる日。また、イヤなことがあって気分が下がっているけれど、普段はなかなか会えない友達と会う約束がある日など。そんなときに助けてくれるのがチークです。

チークを重ねて顔の余白を小さくすることで、とりあえず一時的にむくみも目立ちにくくなる。鏡を見ながらほおの高い位置にチークをふんわり重ねれば、無表情でもほおが上がって見えて、元気があるように見せられる。

このようにチークは、顔や心に元気がないけれど一日乗り越えなきゃいけないときにぴったりなアイテムだと思います。

その日を過ごす自分の気持ちを上げることが一番なので、ワクワクできるような色を纏ってみてくださいね。

# リップは気持ちの
# オン・オフをつくる

唇は、見た目の印象はもちろん、気持ちへの影響も特に大きいパーツです。例えば、寒い時期に体が冷えることで唇が青紫っぽくなると、顔全体が不健康そうに見えて唇に血色がほしい、と思いますよね。逆に、唇に赤みがある状態は顔全体が健康的に見えて、気持ちも上がるのではないでしょうか？

このように唇の色みがあるかないかで、見た目の印象が変わるのはもちろん、気持ちまで変える力があるのです。

おすすめの選び方は、そのときの「なりたい気持ち」に合わせること。例えば、唇の潤いを重視したリップグロスやリップバームなど保湿力の高いものを使って、自分を労るような気持ちになる。いつもと少し雰囲気を変えたいときは、赤リップを選んでみる。赤リップといっても、ドキッとするような真っ赤なものから、ほんのり赤みがあり透けるような発色のものなど、さまざまあります。

そして最後は、自分らしくいられて安心できるリップ。これは〝この色といえば、わたし〟と思えるような、つけているとワクワクして、自分の顔に自信が持てる色。

リップを塗るだけで、頑張ろうとやる気が出てきたり、今日はゆっくり労ろうと思えたり。それはまるで、心のオン・オフのスイッチ的存在だと思っています。

# 自分の眉が
# 一番しっくりくる

眉は、時代によって「この形がいい！」が最も変わっていくパーツ。そして〝しっくりくる眉〟を見つけるために、自眉の形がわからなくなるくらい細く剃ったり抜いたりしては、結局「どれが正解かわからない」と迷走してしまう部分だとも思います。

おすすめなのは、自分のもともとの眉の毛質と形に合わせてメイクをすること。そうすると、理想の眉の形にするために剃ったり抜いたりする頻度も減り、気持ちが楽になるし、何より自眉を活かしたほうが、自然な眉に仕上がります。

そのためにはまず、眉全体が薄いのか、濃いのか、上がり気味か、下がり気味か、眉の縦幅は細いのか、太いのかを鏡で確認し、「コンプレックス」になっている部分を埋めるためのコスメを選んでみましょう。

例えば、薄い眉が悩みなら、眉色や擬似的な毛を「足す」ことを意識。眉全体に程よく色を足せるアイブロウパウダーと、眉の隙間にも毛が生えたように描き足せるアイブロウペンシルを使い、足りない眉の存在感を出す。また、濃くしっかりと生えている眉が悩みなら、眉の存在感を「引く」ことを意識。アイブロウマスカラを選び、眉色のトーンを落とし、眉の存在感を引く。そして少し毛が足りない部分は、リキッドアイブロウを使い、うっすらと眉の形を整えていきましょう。

# 「ぼかし」が
# もたらす印象

メイクを完成させる上で欠かせない、〝ぼかす〟という工程。ファンデーションを肌へなじませたら、スポンジでぼかす。アイシャドウをまぶたへのせたら、ブラシでぼかす。そうしてコスメを一つ一つ重ねていくたびにぼかしていく工程は、コスメの色や質感が肌へなじみ、ふんわりと優しい発色を叶えてくれ、肌そのものの色みだと勘違いしてしまうほど、溶け込ませてくれます。

そして、ぼかすことは、〝わたしらしさ〟を完成させるためにも、とても大切な工程だと思っています。肌にべったりとコスメをつけただけでは、まだまだ〝わたし〟が完成していない状態。ぼかしていくことで肌へなじんでいくと、自分にぴったり合ってくる感覚になるのです。これは、好きな洋服、カバン、靴を身につけたあとに鏡を見て、「よし！　これでＯＫ」と思えるときと同じ感覚だと思います。

特にぼかしてほしい部分は3つ。まずファンデーション。フェイスラインと首との色みが変わりすぎないようにぼかしていきます。次はアイシャドウ。色が肌に溶け込むようにぼかしていき、陰影や立体感を出します。最後はチーク。肌色の部分とチークの色みの部分がパキッと分かれすぎないように境目をぼかしましょう。

「ぼかし」があることでほかのだれでもない、あなたらしいメイクが完成するのです。

# ほんの少しのラメで魔法にかかる

キラキラとしたラメがまぶたにのった瞬間、気持ちがパァッと明るくなりますよね。ただその反面、普段使いしづらい、やりすぎ感が気になる、年齢的に使いづらい、といったイメージもあるかもしれません。

わたしはラメをのせた瞬間から、「非日常的な時間がはじまる！」とすごくワクワクします。というのも唯一、ラメによるあのキラキラは、わたしたちがもともと持っている質感ではなく、どこか特別な自分になれたような気がするのです。

例えば、「血色」はお風呂上がりのほてった肌に、「ツヤ」は健康的でハリのある肌に感じることがありますよね。でもラメは、コスメだけでしか楽しめない質感。のせるとまるで魔法にかかったような気持ちになれるのです。

そしてラメにも種類があります。まず小粒ラメは、上まぶたを中心に、下まぶたのキワへ重ねて、立体感や目の縦幅を大きく見せてくれるもの。シーンを選ばず使えるのはもちろん、さりげなくキラッとしている自分に、気持ちが上がるはずです。

次に大粒のラメは、華やかなメイクできらめきをしっかり効かせたいときに。ラメをのせる面積を狭くすることで、周りから見ても、「あ、ラメのせているんだな」とわかるくらい、キラキラとした輝きを見せることができます。

# いつものメイクに飽きたら抜け感をつくる

メイクを仕上げる上で、当たり前のように耳にするようになった「抜け感」という言葉。わたしは、この言葉の意味を、「すべての工程に気合いを入れすぎず、少し肩の力を抜いた部分があるメイク」のことだと思っています。

特に、自分では当たり前になっていて長年変えていない部分のメイクこそ、少し抜け感を意識して力を抜いてみる。するとバランスがよくなり、どこか垢抜けたような印象になるのです。わたしの場合は、自分のメイクに飽きてきた、新しい顔を見てみたいというときに「抜け感」を意識してみます。

特に変えやすいのはアイメイク。マスカラは使わずにアイラインを目尻にだけ引くと、力が入りすぎないのに、ほどよく目力が生まれます。ほおや唇は、血色を補うのにぴったりですが、チークはのせずにリップだけにする、またはチークはのせてリップは透け感のあるグロスにすると、自然な血色を纏ったように見えます。

ベースメイクで素肌っぽさを出したいときは、肌悩みだけ部分的に隠して、後は日焼け止めや下地のみにすると、もともと肌がきれいな人のように。

「抜け感」をつくろうと思ったら、顔の中でも特に〝主役のパーツ〟を選び、そのほかを抑えるようにすると、いいバランスになりますよ。

# 夜のメイクは
# 光を足す

朝しっかり保湿して、コンシーラーでクマも完璧に隠して、まつ毛もばっちり上げてきたのに……。夕方鏡を見ると、目の下に消したはずのクマ、目尻には小じわ、アイシャドウが下のまぶたに落ちてきて、パンダ目に……。

夕方のメイク直しで、朝の完璧な顔に戻そうとつい重ねすぎていませんか？

わたしがおすすめするのは、「部分的な補正」と「光を足す」こと。

例えば、テカリにはフェイスパウダーをササッと重ねる。目の下のどんより感には、オレンジのコントロールカラーをスポンジで重ねる。シミが気になるところにだけコンシーラーを塗る。このように、肌の気になるところだけを補正すれば、ヨレたり崩れたりする心配も少なくなり、安心して夜の予定を過ごすことができます。

そして、影が目立つほうれい線や目尻には、ハイライトでふっくら感を。顔全体の疲れには、クリームチークで元気と明るいツヤを足す。大粒のラメを下まぶたの目尻にちょんっとのせて目元に輝きを生み、ネイビーのアイライナーを引くことで、白目を明るく見せる。こうしてお疲れ気味な夕方の顔に光を足していくことで、照明のもとでも影が目立ちにくくなったり、光が当たってさらにキラキラと輝いたりと、夜だからこそのメイクが楽しめます。

# ブラシで優しく
# わたしに触れる

使うコスメやメイクの仕上がりにこだわるのと同じくらい、どんなメイクブラシを使うのか、ということにもぜひこだわってみてください。

もちろん、パレットにセットされているブラシは、外出先のメイク直しにとても便利。ですが、持ち手が少し短く、力加減の調節が難しい場合も。

わたしがメイクブラシを選ぶときにこだわることは3つあります。まず1つ目は持ち手が長いこと。力加減とコスメの色の濃淡の調節がしやすく、よりメイクを自分の顔になじませやすくなります。

2つ目は、ブラシの毛質です。肌あたりが心地いいブラシを使うと、肌に対して優しくメイクできて、自分を大切にしている気持ちになれます。例えば、ギュギュッ！とブラシが密集してコシがあるものや、毛質にこだわってつくられたブラシに目を向けてみると、心地いいブラシを見つけやすくなります。

3つ目は、ブラシの形です。例えば、アイシャドウを幅広く塗りたいなら、ブラシの幅が太いものを。逆に細かく塗りたいなら、ブラシの幅が細いものを。ほおの高い位置だけにハイライトを塗りたいなら斜めにカットされたブラシを。すると、持っているコスメの発色がもっとよくなり、毎日のメイクがもっと楽しくなるはずです。

# コスメの数だけ
# コンプレックスがある

わたしにとってコンプレックスは、自分自身の顔と初めて向き合うきっかけになった存在。コンプレックスがなければ、メイクに興味を持つことはもちろん、自分にとって〝これがいい〟と思えるコスメを見つけようとしなかったかもしれません。

とはいえ、もう少し鼻がシュッとしていれば、もう少しまつ毛が長ければ……と、もともと持っておきたかった理想のパーツを挙げれば、キリがありません。

だからこそ、コンプレックスとは上手に付き合っていきたいものです。

例えば、低いと感じている鼻はハイライトで高く見せる。顔の余白が多いと感じるなら、シェーディングで余白を少なく見せる。くすみが目立つなと思うならファンデーションで美肌に見せる、など。自分から見て、コンプレックスの存在を薄くしていけばきっと、〝これで大丈夫！　いい感じ！〟と思えることも増えるはず。

わたしは、メイクで仕上がった自分の顔を見て、少しでも気持ちが楽になることや、コスメに頼って安心することをすごく大切にしています。

なぜならこれは、「コンプレックスときちんと向き合おう、上手に付き合っていこう」という前向きな気持ちでもあり、自分のことを否定せず、一生付き合っていく自分を大切にする方法を探すことにもつながると思っているからです。

# おわりに

今の自分を変えていくために大切にしてほしいのは、「自分に夢中になる」こと。
わたしが思う、「自分に夢中になる」というのは、〝こんなふうになりたい〟という自分の気持ちを大切にしながら、理想の姿に向かって、変わっていくことに没頭すること。

もちろん、家庭やお仕事など、わたしたちには場面ごとにいろいろな役割があり、それをこなす時間もあるため、常に周りの日や声を気にしない、第一に自分のことを考えてあげることが難しいときもあります。

けれどもときには、自分自身と向き合い「本当はどうしたいんだろう?」と、自分の心に問いかける時間をつくってみる。自分の心と向き合う回数が多くなると、ぼんやりとしていた、心の中のモヤモヤの正体がハッキリとします。

この時間が積み重なれば、理想の姿が分かりやすくなるだけでなく、「どんなコスメを使ってメイクをしてあげると好きな自分に近づけるんだろう」「どんなスキンケアアイテムを使うと心地がいいんだろう」「どんな美容を習慣にすると、自分のことを大切にできるんだろう」というふうに、きっと、あなたに合う美容も見つけやすくなるはずです。

この本は、「あの人になりたい！」と、誰かと比べては苦しくなり、自分を大切にできない人や、自分を「いいな」とか「好きだな」と思えなくて悩んでいる人へ届けたいと、心を込めて書きました。

そして、わたしはずっと、本を出すことが夢でした。

子供の頃から、悩みを人に相談できるタイプではなかったので、悩みがあるたびに本屋さんに向い、自分よりも先に悩みを解決している、人生の先輩のような存在の人の本を読むことで、どう乗り越えればいいのかヒントをもらったり、逆に自分で考えていたことの答え合わせができる気がしていました。

そのため当時から本は、生活に欠かせない存在だったのです。

わたしにとってそんな大切な存在である本を、こうして書く日がきたことをとても、とても嬉しく思います。

今の時代、あまりにも比較するきっかけとなる情報が多く、誰かと比べないこと、誰かをうらやましいと思うことをゼロにすることは難しく、もはや、あって当たり前な感情だと思います。

「比べないようにしよう」とか「うらやましいと思わないようにしよう」と無理に踏ん張ってしまうと、だんだんと心と体も疲れてしまいます。

もし、誰かに嫉妬して自分を大切にできず、つらくなってしまったら、比較するものを見るのをやめて、自分の生活に戻る。そして、「あのコスメを買いに行こう」とか「今日の夜は丁寧にスキンケアをしてみよう」とか、今できることで、自分を大切にする。

毎日に必要なのは、あなたの心を削るようなものを見る時間ではなく、あなたの心を満たす時間でいっぱいにすること。そうすると、自分のことを大切にできているなあと思う瞬間や、自分の好きなところに気づける時間が増えていくと思います。
ぜひ、自分を磨くための時間を、たくさん増やしてあげてくださいね。

改めて、この本を手にとってくださったみなさん、本当にありがとうございました。この本に書いてあることすべてを完璧にやらなきゃ！　とは思わずに、まずは日々の生活に無理せず取り入れられそうだなと思うことや、「やってみたい！」と、ワクワクするようなものから、はじめてみてくださいね。

そして最後になりましたが、当初から、〝心と美容に関することを伝えたい〟という想いからブレずに、大切にしたいこと、伝えたいこと、言葉にとことんこだわって一緒に本づくりをしてくださった編集者さん。そして、この本にぴったりなイラストを描いてくださったイラストレーターさん。制作にあたり関わってくださったスタッフのみなさん。そして、いつもお仕事でお世話になっている方々や、側で支えてくれている家族に、感謝の気持ちを込めて。

## 船山葵

兵庫県出身。コスメマニアとして約1万個以上コスメを試し、Instagramを中心に美容情報を発信している、テレビ・雑誌・WEB・トークショーなどでも活動中の美容家。
10代の頃から外見のコンプレックスに悩み、美容に出会ったことで自分を認められるようになった経験から、「自分を好きになるための美容」を追求しはじめる。大手化粧品会社のメイクスクールにて学んだあと、パーソナルカラー、人相学など、美容全般の資格を取得。また美容を学ぶ中で、外見と心がつながっていることに気づき、心理学、コーチングなども学びはじめ、現在では美容関連を含んだ10個以上の資格を持つ。自分自身の経験を活かして、あらゆる角度から自分を好きになるための方法を研究し、同じ悩みを抱える人たちに向けて発信を続けている。

だれかになりたいんじゃなくて、
わたしを好きになりたい

2023年8月26日　第1版　第1刷発行

著者　船山葵
発行所　WAVE出版
〒102-0074　東京都千代田区九段南3-9-12
TEL 03-3261-3713　FAX 03-3261-3823
振替 00100-7-366376
E-mail: info@wave-publishers.co.jp
https://www.wave-publishers.co.jp
印刷・製本　中央精版印刷株式会社


NDC 595　175p　19cm　ISBN978-4-86621-457-3